문학이 있는 삶 이야기

그러나 사랑은 남는 것

장왕록 지음 · 장영희 엮음

샘터

국립중앙도서관 출판시도서목록(CIP)

그러나 사랑은 남는 것 / 장왕록 지음 ; 장영희 엮음. --
서울 : 샘터사, 2004
　　p. ;　cm.

관제: 문학이 있는 삶 이야기
ISBN　89-464-1474-X 03810 : \9000
818-KDC4
895.785-DDC21　　　　　　　　CIP2004001263

사랑하는 사람을 하늘나라로 보낸 상처가

아직 아물지 않은 분들께 이 책을 드립니다.

지혜의 빛이 되어 주십시오
　- 故 장왕록 선생님께

　　　　　　　　　　　　　　　　　　이해인(수녀 · 시인)

해마다 7월의 태양 속에
다정한 이름으로 살아오시는
우보(又步) 장왕록 선생님
선생님께서 멀리 떠나신 7월엔
뜨거운 햇살 아래 뜨거운 그리움으로
더 많이 당신을 기억합니다

한여름의 동해 바다는
오늘도 푸르게 출렁이고
기도로 이어지는 우리의 슬픔처럼
하얀 파도가 일어섭니다

누구보다 부지런한 열정과
깊은 통찰과 예리한 지혜로
학문의 길을 충실히 걸으시고
남을 먼저 배려하는 사랑으로
삶의 길에 최선을 다하신

참 아름다운 사람
산을 닮고 바다를 닮으신 선생님

거룩한 소임으로 받아 안은
학문의 길에 당신 자신을
온전히 태워버린 인내의 불이시며
온전히 녹여버린 침묵의 물이신 분
박사라는 칭호가 진정 어울리시는
이 땅의 스승이고 아버지신 당신께서
아직도 해야 할 많은 일들 남겨두고
너무도 일찍 세상을 떠나시어
우리를 아프고 슬프게 하셨지요?
지금은 빙그레 웃으시며
'참 미안하게 됐네!' 하시는 것만 같습니다.

떠나신 10년을 돌아보며
당신의 사랑 받던 가족 친지 제자들이
가슴 깊이 묻어둔 그리움을 꺼내
저마다 하얀 꽃길을 만들어보는 오늘입니다

이제는 고통 없는 평화의 나라에서
편히 쉬실 선생님
우리나라의 영문학사에 길이 길이

푸른 별이 되어 빛나실 선생님
언제나 우리의 어둠을 밝히는
지혜의 빛이 되어 주십시오

섬들도 승천을 꿈꾸는
7월의 바람 속에
환히 웃으며 살아오시는
우보 장왕록 선생님
우리의 눈물과 사랑, 감사와 존경을 모아
꺼지지 않는 기도의 향불로 피워올리니
어여삐 받아주십시오
지복의 나라에서 영원히 행복하십시오

보여주신 모범대로
우리 모두 말보다는 행동으로
서로 먼저 사랑하고 즐겁게 탐구하며
삶의 길을 성실하게 걸어가는
또 하나의 '우보(又步)'들이 되려 하오니
하늘에서 함께 기뻐해 주십시오

- 2004년 7월 17일, 우보 장왕록 선생님의 10주기에

書畵 三佛 金元龍

사람을 좋아하고 책을 즐기며
외길 걸어온 한 인생

發憤忘食 樂以忘憂
FUGIT INREPARABILE TEMPUS

어느덧 물내린 가지 위에도
화사한 꽃, 열매 영글다

| 차례 |

서문 그러나 사랑은 남는 것 … 10
우보 선생에게 드리는 詩 발자국이 모여서 길이 되듯이 … 16
추모사 먼저 간 친구를 슬퍼하며 … 18

20년 늦은 편지 … 25

1. 가던 길 멈추어 서서

판타지 … 33
어떤 젊은이의 죽음 … 40
내 아호에 대한 변 … 47
걷고 또 걸어 우보(又步) … 53
무료한 일요일 … 58
왜 사느냐? … 65
칫솔과 기름 … 72
관악산을 바라보며 … 75
가던 길 멈추어 서서 … 78

2. 푸른 나뭇잎과의 우정

문학과 모럴 … 89

푸른 나뭇잎과의 우정 ··· 94
우정의 시금석 ··· 99
호랑이 밥 ··· 104
포토맥 강의 철새들 ··· 108
마침내 대지주가 된 농부 ··· 116
동서의 속담 ··· 122
번역유감 ··· 128
틀린 직역과 맞는 의역 ··· 135

3. 문학의 오솔길을 걷다

자유분방하고 예리한 지성, 헨리 밀러 ··· 143
내가 만난 존 업다이크 ··· 153
한국을 사랑한 작가 펄 벅 ··· 159

우뚝 선 일봉(日俸) 최준기 ··· 168
구월산의 슬기로운 호랑이, 황찬호 ··· 175
나의 은사 이양하 교수 ··· 184
레이너 교수와 나 ··· 188
인간의 조건 ··· 195

우보 장왕록 교수를 말한다/이창배 ··· 200

서문

그러나 사랑은 남는 것

 샘터사 사장님께는 조금 죄송하지만, 이 책은 순전히 나의 이기적인 목적, 즉, 나의 아버지 고(故) 장왕록(張旺祿) 박사의 이름을 다시 한 번 책표지에 넣고 싶은 소망에서 비롯되었다. 그것은 10년 전 내 마음속의 약속을 지키기 위한 일이기도 하다.
 1994년 7월 17일, 슈메이커-레비 혜성이 목성과 충돌하여 목성 아래쪽에 지구 반만 한 크기의 구멍이 뚫린 날, 20세기 최대의 우주적 사건이 일어난 바로 그날, 내 우주에도 구멍이 뚫렸다. 속초로 휴가를 떠나셨던 나의 아버지 장왕록 박사가 바다에서 수영을 하시다가 심장마비로 사고를 당하신 것이다. 다음날 일간 신문에는 서울대 명예교수, 한국 영문학의 역사, 번역 문학의 태두 장왕록 박사가 타계했다는 기사가 실렸다. 한 사람의 인생을 요약하기에 꽤 화려하고 인상적인 타이틀이지만, 내 마음속에 남아 있는 '아버지'라는 단어 석 자만큼 위대하고 화려한 타이틀은 없을 것이다.

그해 여름 아버지와 나는 《바람과 함께 사라지다》의 속편인 《스칼렛》의 공역을 끝내고 고등학교 영어 교과서를 공동 집필하고 있었다. 돌아가시기 두 시간 전쯤 아버지는 속초 시내에서 집으로 전화를 하셔서 내게 말씀하셨다. "내일 비행장에서 출판사로 직접 갈 테니까 3시에 거기서 만나자. 같이 11과 작업해야지." 그것은 이제는 다시 들을 수 없는 아버지의 목소리, 아버지의 유언이 되었다.

아버지가 가시고 나서 5개월간은 내 생애 가장 힘든 시기였다. 슬픔과 상실감으로 악몽 같은 시간을 보내면서 나는 아버지 대신 팀의 대표 저자가 되어 교과서 작업을 계속했다. 교과서는 다른 책과 달리 교육부에서 철저하게 관리하고 치열한 경쟁과 엄격한 심사를 통해 합격, 불합격 판정이 나는 어려운 일이기 때문에 나는 무슨 일이 있어도 합격해서 아버지 이름을 다시 한 번 저자로 책의 표지에 넣어드리고 싶었다. 하루에 겨우 한두시간씩 자면서 그야말로 피나는 노력 끝에 책 세 권을 완성했고, 그리고 합격했다.

그러나 교육부는 아버지의 이름을 표지에 내는 것을 허락하지 않았다. 죽은 사람이 교과서 저자가 될 수 없다는 이상한 논리였다. 나는 교육부에 찾아가서 담당 편수관에게 빌었다. 자존심이고 뭐고, 실제로 두 손을 싹싹 비비며 빌었다. 이 책의 반 이상은 우리 아버지가 쓰신 거라고, 꼭 공동 저자로 이름을 넣게 해 달라고. 아버지가 정리하셨던 자료, 아버지의 친필이 적힌 원고까지 증거로 보여 주면서 간곡히 부탁했다. 그러나 죽은 사람에게는 통지나 연락을 할 수 없다는 '편의적' 이유를 내세워 아버지의 이름을 책에 넣을 수 없다는 편수관의 입장은 완강했다. 그야말로 달걀로 바위 치기였다.

결국은 쫓겨나다시피 해서 돌아오는 택시 안에서 나는 내 마음속으로 약속했다. 죽은 사람 그렇게 홀대하면 못쓴다고, 누구나 어차피 죽게 마련인데, 죽었다고 해서 멀쩡히 책 써놓고도 표지에 이름도 못 내면 이 세상 허무해서 어떻게 사냐고. 사람은 오직 죽었다고 해서 그렇게 쉽사리 이 세상에서 사라지는 게 아니고, 그렇게 사라져서도 안 된다고. 죽은 자는 말이 없고, 살아 있는 사람들이 통상 사용하는 미약한 방법으로 '통지나 연락'을 할 수 없지만, 그래도 남아 있는 사람들의 기억과 마음 속에 영원히 살아 있는 것이라고… 어디, 장왕록이라는 사람이 이 세상을 떠난 지 5년, 아니 10년이 지나도 여전히 기억되고 있다는 것을 꼭 보여 주겠다고… 그리고 나는 다짐했다. 자식 두어 무엇 하나, 죽을 고생하고 자식 키우셔서 생전에 보시지 못한 자식 덕, 돌아가신 후에라도 꼭 한 번 보여 드리겠다고.

그래서 이 책은 어쩌면 나의 '두고 보자' 식의 오기에서 시작했다고 할 수 있다. 그러나 10년이라는 세월이 흐른 지금, 이제 그런 오기는 많이 누그러졌다. 아니 아예 없어졌다. 그 편수관의 이름도 얼굴도 잘 기억이 안 난다. 이제 아버지를 생각하면 서슬 퍼런 오기보다는 고요한 평화가, 가슴 찢어지는 상실감보다는 잔잔한 그리움만 마음속에 떠오른다. 아버지가 전공하시던 작가 헨리 제임스의 《귀부인의 초상》의 한 장면이 생각난다. 병약하고 못생긴 랠프 타쳇이 사랑하는 친척 여동생 이사벨로 하여금 자기 유산을 대신 받게 하지만, 바로 그 유산 때문에 이사벨은 잘못된 배우자를 선택하게 되고, 불행한 결혼 생활을 한다. 이에 통한을 느끼며 랠프는 임종을 지키기 위해 찾아온 이사벨에게 말한다. "이사벨, 결국 고통은 사라진다. 그러나 사랑은 남는다." 그렇다. 육신은 사라지지만, 결국 추억은 남고, 그 추억은 오기와 분노를 이기고 사랑으로 영원히 남는다.

이 책에 수록된 글들은 다수 아버지가 생전에 출판하셨던 《가던 길 멈추어 서서》(우석 출판사, 1989)라는 수필집에서 발췌했고, 그 외 신문이나 잡지에 기고하셨던 글들을 몇 개 더 보탰다. 이번에 이 책을 준비하면서 아버지의 글들을 다시 읽고 새로운 감회를 느꼈다. 아버지의 사랑 이야기, 실수담, 친지분들과 학생들과의 사사로운 일상의 글들 모두에서 아버지의 명민하고 선량한 성품이 곳곳에서 배어나온다.

우리 형제들은 늘 아버지의 89세 미수 잔치를 꿈꾸며 살았다. 아무리 한 치 앞을 내다보지 못하는 삶이라지만, 일흔 살로 돌아가실 때도 20대 청년 같은 몸과 에너지를 자랑하셨던 아버지가 그렇게 갑자기 가실 것은 정말 꿈도 꾸지 못했다. 여섯 자식 중 그 누구 한 명도 떠나시는 곁을 지켜 드리지 못했다. 그리고 나서 한동안은 길에서 앰뷸런스를 볼 때마다 부러운 생각이 들었다. 저 안에 타고 있는 사람은 그래도 아버지를 병원에 모시고 갈 수 있는 행운을 누리고 있구나, 혹 이 세상을 떠나신다 해도, 아버지와 작별 인사를 할 시간은 있겠구나, 하는 부러움이었다.

영국작가 새뮤얼 버틀러는 '잊혀지지 않은 자는 죽은 것이 아니다'라고 말했다. 사랑은 남는 것, 추억 속에 커다랗게 자리잡고 있는 아버지는 우리들의 마음에 영원히 살아 계신다. 영혼도 아주 큰 소리로 말하면 듣는다고 한다. 그래서 아버지 생전에 못한 말을 나는 이제야 목청껏 외친다.

"아버지 사랑합니다. 이 세상에 아버지의 자식으로 태어나서 너무나 자랑스럽고 행복합니다!"

끝으로, 10년 전 교육부 편수관의 논리를 따르자면 '연락, 통지'도 못하는 죽은 사람의 책이니 팔리지 않을 줄 뻔히 알면서, 그래도 흔쾌히 아버지의 10주기 추모 기념으로 이 책의 출판을 허락해 주신 샘터사 김성구 사장님, 그리고 정성스럽게 책을 만들어 준 오연조, 박경아

씨에게 고마운 마음을 전한다.

  누구나 결국 이 세상을 떠나게 마련이지만, '그러나 사랑은 남는 것'이라는 걸 믿는 사람이 나 말고 또 있는 것 같아 외롭지 않고 마음 든든하다.

2004년 6월 12일
서강대학교 인문관에서
장 영 희

우보(又步) 선생에게 드리는 詩

발자국이 모여서 길이 되듯이

윤삼하(전 홍익대 영문과 교수 · 시인)

이른 아침 숲 사이로
새어 나오는 흰 빛살처럼
곧고 곧은 외줄기 길을
발자국이 모여서 길이 되듯이
한 발짝 한 발짝
다져 오셨다

우리들 마음 잃고 헤매일 때
일어나라 힘 내라
채찍 주시고
게으름과 망설임
몸소 꾸짖듯
땀흘려 골몰함 보여 주셨다

옅은 우물에는
소리가 고이지 않듯
숲속에 묻혀서
숲을 못 보는
졸보기눈들도 환히 열어 주셨다

이제는 저녁노을 등에 진
한 그루 키 큰 나무처럼
짙은 그림자 드리우고
지나온 걸음걸음
남겨 놓은 발자국들을
보람하여 헤아리시는가

장왕록 교수 1주기 추모사

먼저 간 친구를 슬퍼하며

이창배(전 동국대 교수, 수필가)

한 10일 전에, 그리고 한 일주일 전에 각각 장왕록 교수의 영애와, 그리고 영식 되시는 유족으로부터 오늘의 이 추도 모임 소식을 연락 받았습니다. 나는 그 순간 결코 잊어서는 안 되는 아주 중대한 일을 잊고 있었음을 새삼 깨닫고서, 한편으로는 벌써 1년이 된 데 대하여 참으로 세월의 흐름이 빠름을 실감했고, 한편으로는 그때에는 그렇게 충격적인 일로 받아들여지던 것이 이렇게 까마득히 잊혀진 데 대하여 친구로서 어떤 죄책감 같은 것을 느꼈습니다.

그렇습니다. 작년 7월 18일 나는 아침 신문에서 장 교수의 사고사 기사를 읽고서 도무지 무슨 소리인지 믿어지지가 않았습니다. 설마 신문에 오보가 실리겠는가 하는 생각이 들기도 했지만 도저히 믿어지지가 않아서 연남동 자택으로 전화를 걸어 사실을 거듭 확인하였습니다. 그래도 끝내 그 사실이 믿어지지가 않았습니다.

그게 무슨 청천벽력 같은 일이었습니까. 장 교수가 그날 속초로 떠나기 직전 내게 전화를 걸어 "나 속초 다녀와." 하고 평소와 다름없는 활기찬 음성으로 유언처럼 남긴 그 목소리가 지금도 귀에 쟁쟁합니다. 그 후 1년이 되었군요. 그동안 우리 주변 친구들은 모이기만 하면 믿겨지지 않는 그 수수께끼 같은 사건을 화제에 올렸지만 누구도 장 교수가 저 먼 세상으로 아주 떠나 버렸다는 사실을 실감 있게 믿으려고 하지 않았습니다. 그것은 고인의 죽음이 너무 뜻밖의 갑작스런 일이었고, 또한 장 교수의 그 건강한 모습과 죽음의 이미지가 도저히 결부되지 않기 때문입니다.

지금 이 순간까지도 그렇습니다. 장 선생은 지금 이 시간에 저기 우리들 사이 어딘가에 앉아서 내 말을 듣고 있는 것만 같습니다. 그만큼 장 선생은 우리들 마음속에 아직 생생히 살아 있는 것입니다. 인간의 마음의 신비로운 작용이라 하겠습니다. 주변 사람들에게 그러할지언정 유족 여러분들은 오죽하시겠습니까. 지난 1년간 그 엄청난 충격을 어떻게 감내하셨습니까. 전화벨이 울릴 때마다, 대문의 초인종이 울릴 때마다, 그것을 고인(故人)의 목소리로 착각하신 일이 한두 번이 아니셨겠지요. 집안 구석구석에 남아 있는 유품을 볼 때마다 남편과 아빠의 얼굴을 수없이 보셨겠지요.

그렇습니다. 벌써 1년이 되었군요. 이미 고인이 되어버린 장 교수는 이 세상에 있지 않고 우리들의 기억 속에 남아 있을 뿐입니다. 그러나 이 기억이란 것도 점점 퇴색해가는 흑백 사진으로 변해가고 있습니다. 우리들은 생존경쟁적인 바쁜 일상사에 휘몰리고, 연일 터지는 충격적인 사회적 사건들 앞에서 감각은 점점 무뎌지고, 이 세상에 있지 않은 사람에게까지 신경을 쓸 여유가 없어져가고 있습니다. 이런 현실 속에서 그래도 오늘 이 시간만은 고인의 친구들과 제자들과 가족들이 한 자리에 모여서 우리의 마음속에 간직한 장교수의 앨범을 끄집어내어 그를 생각하고 그의 죽음을 새삼 애도하고자 하는 특별한 시간인 것입니다.

나는 이 추도사를 준비하면서 영문학사에 남아 있는 몇 편의 위대한 추도시들을 생각했습니다. 존 밀턴의 〈리시다스〉, 셸리의 〈아도네이스〉, 테니슨의 〈인 메모리엄〉 등은 각각 그 시인들이 자기들의 친구의 죽음을 애도하여 쓴 불멸의 명시들입니다. 나는 이 시편들을 생각하면서 나도 우리의 장교수를 위하여 그런 불후의 추도시를 썼으면 좋겠다고 생각했지만 그건 부질없는 생각이었습니다. 그러나 한편 생각해 보면 그런 화려한 시상(詩想)과 고매한 이념의 시보다도 작은 국화꽃 한 송이 바치는 심정으로 보다 친근하고 진솔한 감정으로써 이 보잘것없는 추도사를 쓰는 것입니다.

우리의 친구 장교수는 범인(凡人)을 초월하는 비상한 재능의 소유자도, 국가와 민족을 위해서 공헌한 역사적 인물도 아닙니다. 그는 그러한 꿈은 갖고 있지도 않았고, 무엇이 되겠다고 또는 위대한 업적을 남기겠다고 뼈를 깎는 노력을 한 사람도 아니었습니다. 그는 일상생활의 소중함을 알고 있었고, 제자들을 가르치고 친구를 만나고, 글을 쓰는 매일 매일이 즐거웠던 것입니다. 그는 우리 보통 사람들과 똑같은 인간적 장점과 단점을 고루 갖춘, 집안에선 좋은 가장이었고, 사람들에겐 아주 접근하기 쉬운 친구였고, 대학에선 좋은 교수였습니다. 그는 몸에 맞지 않는 큰 제스처나 이상한 몸짓을 취하는 자들의 그 구역질나는 위선을 모르는, 자신에게 매우 정직하고 순진한 학자였습니다.

그렇지만 그에겐 우리 보통 사람들이 추종할 수 없는 장점이 있었습니다. 그를 가까이에서 접한 사람들은 그의 부지런함과 행동의 날렵함에 감명을 받지 않은 사람이 없을 것입니다. 그는 촌시(寸時)를 아껴 책을 읽고 원고를 썼습니다. 다방에서 친구를 기다리는 동안에도 원고의 교정을 보았고, 상대방과 대면을 하고 있으면서도 머릿속에선 다음 행동을 설계할 정도로 뛰고 뛰는 행동인이었습니다. 장교수의 아호가 우보(又步)라는 것을 알고 계시겠지요. 이 아호의 뜻은 걷고 또 걷는다는 뜻입니다. 본인이 지은 이 자화상의 뜻에 걸맞게 그는 부지런히 돌아다니며 일과 자극 속에서 생명의 충족감을 느낀 매우 현대적이고 도시적 체질의 소유주도 아니었고, '울 밑에서 국화꽃을 따고 한가로이 남산을 바라보는'(도연명) 동양적 선비형의 학자도 아니었습니다.

장교수는 그 명석한 두뇌와 민첩한 행동과 부지런함으로써 많은 번역 작품과 연구 업적을 남겼습니다. 장교수는 서울대학교에서 34년, 그리고 한림대학교에서 5년 간 교수직을 맡고 있으면서 근 60여 권의 영미문학 번역서를 냈습니다. 장교수를 통하여 펄벅, 헤밍웨이, 헨리 제임스, 존 업다이크, 토마스 울프, 서머세트 모옴, 윌리엄 포크너 등이 한국에 소개되었습니다. 그는 이들 작가의 작품을 번역하는 데 그치지 않고, 직접 현지에 가서 그 작가들과 면담을 하여, 그들의 생생한 음성까지를 전해주는 부지런함을 보여주었습니다. 그에 대한 공로로 1979년에 국제 펜클럽 한국 본부로부터 '한국 번역 문학상'을 수상한 바 있고, 1991년엔 컬럼비아 대학으로부터 '세계미국문학 번역 공로상'을 수상한 바 있습니다. 이 많은 번역과 연구 업적은 실로 타의 추종을 불허하는, 한마디로 엄청난 분량인 것이고 그 업적을 통하여 한국에서의 미국문학 연구와 소개의 큰 획이 그어졌다고 할 수 있습니다. 그가 가르친 많은 제자들과 그가 남긴 수많은 저서들과 번역서들을 통하여 장교수의 숨결이 길이 이어지리라는 것을 생각할 때, 그가 더 살아서 더 많은 업적을 남기지 못한 것이 한스럽지만, 이 시점에서 돌아볼 때 그의 일생은 크게 성공적이었고, 우리들은 그의 학문적 업적에 대하여 경의를 표해야 한다고 생각합니다.

  이 불충분한 추도사를 끝맺기 전에 마지막으로 저 세상에 가 있는 고인에게 인사 겸 한 마디 하겠습니다. 장선생, 나는 당신의 회갑기념 때엔 축사를 했고, 오늘은 이렇게 추도사를 하니, 즐거운 일 궂은 일 마다 당신과 같이 있는 인연을 생각하게 되어 착잡한 생각을 갖지 않을 수 없소. 나는 당신이 입버릇처럼 오래 살아야겠다고 뇌까린 그 말을 가끔 생각하오. 앞서거니 뒤서거니 흐르는 인생, 지금 당신의 영정 앞에서 이 추모사를 읽노라니 하나는 누워 있고, 하나는 서 있다는 차이밖에 별로 다른 점을 못 느끼겠소. 혹시 한 발 앞서간 것이 못내 서운하고 억울하다고 생각할지도 모르지만 그것은 결코 올바른 생각이 아니오. 당신은 장수하는 인생의 추락기가 어떠한지를 잘 알고 있지 않소. 오래 사는 사람들이 말년에 겪는 고독감과, 소외감, 허무감, 주책, 추태, 병고 속에서 인생을 저주하는 일마저 없지 않아 있음을 잘 알고 있지 않소. 당신은 그런 것을 모른 채 아직 활력에 넘치는 싱싱한 사지로 저 세상에 다이빙하여 들어갔으니 이것 또한 일생의 멋진 결산이 아니겠소. 역설로만 받아들이지 말고 지혜로운 말이라고 생각해 주오. 그리고 저 세상에 가는 것이 어찌 당신 한 사람 뿐이오. 오십보 백보, 뒤에 남은 우리 모두가 예외 없이 하나씩 하나씩 당신 곁으로 모여들기 위하여 열심히 달리고 있는 것을 그곳에서 보고 있을 것이오.

그러고 있노라면 이 세상 모든 것이 우습고 시시해지기도 할 것이오. 그러니 생시의 좋은 일 궂은 일 다 잊고서 크게 웃으시오.

얼마 안 있어 그곳에서 만날 것이니 그때까지 편안히 있으시구려.

천국 우주시 지구동 천안묘지공원 백조단지 10
장왕록 씨 귀하

20년 늦은 편지[*]

사랑하는 아버지께

찰스 강변에 아름드리 나무 아치 밑을 지날 때 눈처럼 낙엽이 떨어지고, 월든 호수에 비친 단풍나무들이 눈물겹도록 아름다운 가을입니다. 아버지, 저는 지금 27년 전 아버지께서 이곳에 머무르시면서 쓰신 책의 제목과 같이 《찰스 강의 철새들》 중의 하나가 되어 보스턴에 와 있습니다. 그리고 아버지가 사시던 에버렛 가(街)와 그리 멀지 않은 곳의 작은 아파트에서 이 편지를 쓰고 있습니다. 기억하시는지요. 1980년 겨울, 제 유학 시절 '어머니께 드리는 편지'라는 글을 《코리아 타임즈》에 기고한 적이 있지요. 그랬더니 며칠 후 아버지께서 전화를 하셔서 농담 반 진담 반으로 '아버지께 드리는 편지'는 언제 나오냐?' 하

---

[*] 이 글은 2001년 필자가 안식년으로 미국 보스턴에 거주할 때 쓴 것이다.

셨던 거요. "《샘터》에 나온 네 편지 잘 받았다" 하고 전화해 주실 아버지는 한국에도 이곳에도 안 계시지만, 제가 게으름 피거나 포기하려 할 때마다 "안하는 것보다 늦게라도 하는 게 낫다"고 말씀하시던 아버지의 말씀을 기억하며 20년 늦게 이 편지를 띄웁니다.

아버지가 떠나신 지 6년이 되었습니다. 길다면 긴 세월. 이제는 아버지의 사진을 보고도 눈물을 흘리지 않을 수 있습니다. 아버지가 가시고 나서 1주기 미사를 해주시면서 키스터 신부님이 강론 중에 말씀하신 것이 생각납니다.

"이제는 보내드리십시오. 사랑의 기억을 추억으로 남기시고, 문을 닫으십시오. 아버님은 지금 천국에서 행복하십니다."

그때 저는 신부님이 너무 원망스러웠습니다. 위로를 해주시기는커녕 어떻게 아버지를 보내드리라고 말씀하실 수 있습니까? 사랑의 기억이 무슨 철 지난 옷 넣어놓듯 차곡차곡 챙겨 넣고 닫아버리는 서랍장인가요? 그렇지만 아버지, 이제 오랜 세월이 흐르고 나니, 저는 그분의 말뜻을 이해할 수 있을 것 같습니다. 보내드리라는 말씀은 물론 잊으라는 말씀이 아니지요. 육체적 존재에 연연하지 말고 미약한 인간적 개념의 시간을 넘어서서 더욱 깊게, 영혼의 힘으로 기억하라는 말씀이지요.

사랑하는 사람과 죽음으로 이별할 때 그 아픔은 표현할 길이 없지만, 한 가지 위안은 어쩌면 그 이별이 영원한 이별이 아니고 언젠가 좀 더 좋은 세상에서 다시 만나게 되리라는 기대입니다.

몇 년 전 여름에 L.A.의 언니네 집에 들렀을 때 우찬이와 함께 어떤 영화를 보았습니다. 제목도 잘 생각이 안 나지만, 그 중에 한 마디 대사가 기억에 남습니다. 교육을 제대로 받지 못하고 살림도 어려운 미혼모 조디 포스터가 일곱 살 난 천재 아들의 장래를 위해 양육권을 포기하고 아들을 먼 곳에 있는 천재 학교로 보내게 됩니다. 어쩌면 이제는 다시 보지 못할 아들을 보내며 포스터는 평상시에 하룻밤 친구집에 놀러가는 아들에게 하듯 "그래, 내일 보자"라고 말합니다. 아들과 헤어지는 아픈 마음을 스스로 위로하기 위해서였겠지요. 그 이후 L.A.에 들렀다 한국에 돌아갈 때마다 우찬이는 내년에 보자는 말 대신에 "이모, 내일 봐"라고 말하곤 합니다. '내일'과 같이 짧은 시간 후에 다시 볼 수 있다면 헤어지는 마음이 덜 아쉽겠지요. 삶과 죽음이 끊임없이 이어지는 영겁 속에서 하루는, 1년은, 아니 한 사람의 생애는 너무나 짧은데, 그러면 우리는 먼저 이 세상을 떠나는 사람들에게 "내일 봐요"라고 말할 수 없는 건지요.

아버지가 계시는 천안공원묘지 입구에는 아주 커다란 바윗돌에 '나 그대 믿고 떠나리'라고 씌어져 있습니다. 누가 한 말인지, 어디서 나온 인용인지도 없이 그냥 밑도 끝도 없이 커다란 검정색 붓글씨체로 그렇게 씌어져 있습니다. 처음에는 좀 촌스럽고 투박한 말 같았는데, 어느 날 문득 그 말의 의미가 가슴에 와 닿았습니다. 그렇습니다. 중요한 것은 믿음입니다. 우리가 사랑하는 사람들이 이곳의 삶을 마무리하고 떠날 때 그들은 우리에게 믿음을 주는 것입니다. 자기들이 못 다한 사랑을 해주리라는 믿음, 진실 되고 용기 있는 삶을 살아주리라는 믿음, 서로가 서로를 믿고 받아주리라는 믿음, 우리도 그들의 뒤를 따를 때까지 이곳에서의 귀중한 시간을 헛되이 보내지 않으리라는 믿음 - 그리고 그 믿음에 걸맞게 살아가는 것은 아직 이곳에 남아 있는 우리들의 몫입니다.

아버지, 이곳에 오고 나서 얼마 후에 거버 박사에게 전화를 했지요. 50년대에 아이오와 주립대학에서 아버지를 가르치시고 퇴임 후 80년대에는 뉴욕 주립대학교에서 명예교수로 저를 가르치신 선생님 말이에요. 올해 91세이신데 아직도 정정하시지만 가끔씩 건망증이 심하시거든요. 이번에 전화를 드리니까 아주 반색을 하시면서, "아, 왕록아 오랜만이로구나. 그런데, 영희는 죽었지?" 하시더라구요. 제가 "선생님, 이름을 바꿔 기억하시네요" 하고 말씀드리니까 거버 박사가 "참, 그렇지. 미안하다. 너희 둘은 모습도 말하는 것도 너무 닮아서 말이야" 하셨어요.

모습과 말하는 것은 닮은꼴이지만 아버지의 재능, 부지런함, 명민함을 제대로 물려받지 못한 저는 아버지가 하신 일, 아버지가 하시고 싶으셨던 일까지 모두 닮고 싶어 아버지가 보셨던 것과 똑같은 강, 똑같은 하늘, 똑같은 길을 보며 아버지를 생각합니다.

떠난 사람의 믿음 속에서, 남은 사람의 기억 속에서 삶과 죽음은 영원히 연결되어 있습니다. 다시 뵐 때까지 아버지의 믿음을 기억하며 성실하고 부지런하게, 그리고 용기있게 살아가겠습니다.

내일 뵈요, 아버지.

보스턴에서 둘째 딸 영희 드림

p.s. 이 글을 사랑하는 사람을 하늘나라로 보낸 상처가 아직 아물지 않은 모든 분들께 드립니다.

1
가던 길 멈추어 서서

판타지

— 그녀 서가에 꽂힌 시집

수도 서울이 수복되고 돌아온 지 얼마 안되어 나는 한동안 E여고에서 교편을 잡은 일이 있었다. 그때 내가 담임을 한 반에 최영애(가명)란 학생이 있었다. 결석이 잦던 이 여학생은 학기말 시험을 며칠 앞두고 아예 학교에 나오질 않았다. 그녀의 집 가까이 사는 학생을 보내어 알아 보았더니 영애는 노이로제에 걸렸다는 것이며, 다음날 오후 4시경에 그녀의 어머니가 나를 찾아올 것이라고 했다.

다음날 나는 방과 후 5시가 넘도록 그 학부형을 기다렸으나 나타나지 않아 퇴근하려고 교문을 나섰다. 그때 나는 정문을 향해 오던 까만 원피스의 한 젊은 여자와 마주쳤다. 그녀는 나를 보더니 멈칫했다. 그리고 "혹시 장 선생님 아니십니꺼?" 하고 묻는 것이었다. 자기는 영애의 언니라고 소개했다. 학교 소풍 사진을 본 적이 있어서 금방 나를 알아 보았다고 덧붙였다. 영애도 예쁜 편이었으나 언니는 눈이 아름다웠고 날씬하게 균형잡힌 몸매였다.

나는 뜻하지 않았던 6·25 동란으로 대구의 공군 기지에서 근무한 일이 있어 그녀가 쓰는 경상도 액센트가 낯설게 들리지 않았다. 이왕 교문을 나섰으니 교무실로 다시 들어갈 것 없이 그곳에서 멀지 않은 정동교회 앞의 다방에 가서 이야기를 듣기로 했다.

그녀가 내놓은 진단서에 의하면 동생은 강박신경증을 앓고 있었다. 영애는 어머니가 항상 곁에 있어주기를 원하므로 언니가 대신 온 것이라고 했다.

그녀의 가족은 1950년 전쟁이 일어나기 불과 몇 달 전에 부산에서 서울로 이사해 왔었다. 이름난 고고학자였던 아버지는 인민군에게 납치되어갔고 남은 가족은 1·4 후퇴 때 고향으로 피난 갔다가 환도 직후에 돌아왔다고 했다. 그녀는 원래 내성적이었던 동생이 노이로제에 걸려 약물 치료를 받게 되기까지의 경위를 소상하게 설명하였다.

나는 영애의 중간 시험 성적을 참작하여 학기 말 성적을 낼 수 있도록 선처할 테니 영애를 안심시켜 달라고 했다.

그녀는 몹시 고마워했다. 자기는 몇 달 후에 미국으로 유학을 가게 되었으며 그 준비로 줄곧 영어 공부에 열중하고 있다고 했다. 그리고 문득 생각난 듯이 혼자 영어 공부하던 중 미심한 점이 몇 군데 있으니 다음 기회에 좀 가르쳐줄 수 없겠느냐고 물었다.

그 당시 나는 이미 어엿한 가장이었으나 순간적으로 내가 마치 소설 속 로맨스의 주인공이 된 듯 혼동했던 모양인지 그녀와 다시 만나기로 선뜻 약속했다. 도넛형 헤어스타일이 한창 유행할 무렵인데도 독특하게 모나리자형으로 머리를 빗어내리고 오똑한 코에 어딘가 서구적인 용모를 지닌 그녀는 S대학 불문과를 부산 전시 연합 대학에서 마쳤고 미국에 가서는 대학원에서 교육학을 전공하겠노라고 했다.

이윽고 그녀는 우유잔을 놓으면서 "정작 강박성 노이로제에 걸려야 할 사람은 동생보다도 저였는데예…"라고 말했다.

그 수수께끼 같은 말의 뜻을 내가 알게 된 것은 며칠이 지난 일요일 오후에 함께 창경원을 거닐 때였다.

그녀는 1년 전에 남편과 이혼을 했는데 그 이유는 남편의 학대를 더 이상 참을 수 없었기 때문이었다는 것이다. 이런 말을 하는 그녀에게, 나는 화제를 바꾸어 그녀가 헨리 제임스의 소설 《귀부인의 초상》의 여주인공과 많이 닮았다고 했다. 철학책을 많이 읽는 점, 남편을 잘못 만난 점, 외국에 가는 점, 높은 이상과 굳은 신념의 소유자라는 점 등이 그렇다고 했다. 까만색 원피스를 좋아하는 점까지도 닮은 것 같다고 했다. 그러나 소설의 여주인공은 끝내 이혼을 하지 않았지만 미스 최는 이혼을 했고 아마 머지않아 다시 결혼을 하게 될 것이니 그 점은 완전히 다르다고 했다.

"어데예, 저는 앞으론 혼자 살랍니더"라고 말한 그녀는 자기도 예전엔 문학 소녀였다고 했다. 릴케, 베를렌느, 랭보를 즐겨 읽었으며 시를 지어서 교지에 발표한 적도 있다고 했다. 그녀는 또 보들레르의 시 이야기를 하다 말고 "우야꼬! 저것 좀 보시소!" 하며 연못 쪽을 가리켰다. 큼직한 비단 잉어들이 연잎 밑에서 오가는 것이 보였다. 잉어에 대한 전설을 이야기하고 난 뒤 나는 내 생물학 지식을 총동원하여 이 물고기의 생태와 부화 과정을 그녀에게 들려주었다.

헤어질 무렵 내가 다시 만날 수 있겠느냐고 하자 그녀는 야릇한 미소로 응답했다. 이날 저녁 밥상을 물리고 읽고 있던 책을 집어 들었을 때 홀연히 그녀의 그 야릇한 미소가 내 눈 앞에 떠올라서 좀처럼 가시지 않았다. 그 미소를 나는 그 후에도 그녀와 만날 때마다 대할 수 있었다. 그러다가 우리가 마지막으로 만난 것은 그녀가 미국으로 떠나기 전날 오후 늦게 남산에서였다.

이날 그녀는 청색 바탕에 색색의 꽃무늬가 놓인 화려한 원피스에 자줏빛 양산을 들고 있었으며 퍽 명랑해 보였다.

나는 그녀에게 마지막이 될지 모르는 남산 산책을 제의했다. 그 당시는 아직 완전히 복구되지 않았던 때라 남산에서 내려다본 서울은 전쟁의 상흔이 아직 가시지 않았고 또 오늘에 비하면 손바닥 만한 도시였다.

그녀는 가지고 온 《뉴스위크》지의 '교육' 란을 펼쳐 밑줄친 몇 구절을 새겨 달라고 했다. 거기에는 그리스의 역사가 제노본의 교육론이 언급되어 있었다. 스파르타식 교육을 미스 최 자신은 어떻게 생각하느냐는 나의 질문에 그녀는 긍정에 가까운 대답을 했다. 우리의 화제가 플라톤의 〈심포지움〉으로 옮겨져 갔을 때 그 고전에서 다루어진 소위 '플라토닉 러브'에 대한 그녀의 의견 역시 긍정적이었다. 그때 그녀는 신비로운 미소를 띤 얼굴로 나를 정면으로 바라보았다.

나는 갖고 있던 워즈워스의 시집을 펴서 이 시인이 영혼의 실재에 관하여 플라톤의 영향을 받고 쓴 것으로 알려진 〈틴턴 사원 한두 마일 위에서 지은 시〉와 〈유년기의 회상에서 계시 받은 불멸을 노래한 송가〉를 차례로 보여주었다. 그녀는 나에게 시를 우리말로 옮겨 달라고 했다.

석양을 둘러싸고 모인 구름은
인생의 무상(無常)을 보아온 눈에는
차분한 빛을 띠고 있다.
또 하나의 시련을 겪고
또 하나의 승리를 얻었노라.
우리가 의지해서 사는 인정 덕분에,

> 그 자비, 그 희열, 그 공포 덕분에
>
> 초라한 한 떨기 꽃도 나로 하여금
>
> 눈물 짓기엔 너무나 깊은 상념에
>
> 잠기게 한다.

  시집 한쪽 귀퉁이를 잡고 있던 그녀는 이 마지막 구절이 마음에 꼭 드는 듯 되풀이해 읽었다.

  갑자기 매미가 우리가 앉아 있는 벤치에 그림자를 드리워 주던 우거진 물푸레나무 가지에서 '맴―맴―맴―매―' 하고 요란하게 울기 시작했다. 우리는 그 소리에 귀를 기울이며 한참 동안 말없이 앉아 있었다. "분위기를 조성해 주네요" 하고 그녀가 말하는 것 같은 착각이 뇌리를 스쳐갔다. 내 눈이 그녀의 눈과 마주쳤다. 그 눈에는 고운 미소가 어려 있었다. 다음 순간 나는 '저 고운 미소만을 간직하리라' 고 마음속 깊이 다짐하고 있었다.

  남산에서 내려오는 길로 곧장 소공동의 호젓한 그릴에 들러 포도주를 곁들인 저녁 식사를 하고 그녀를 청운동 집까지 바래다 주었다. 서로 작별의 말을 나눌 때 나는 들고 있던 아까 그 시집을 그녀에게 선물로 주었다. 처음에는 내가 아끼는 책이 아니냐며 사양했으나, 끈질긴 나의 요구에 두 손으로 공손히 책을 받아들며 "이 시집을 읽을 때마다 장 선생님을 기억하겠어예" 하며 울먹였다.

"미스 최의 앞날에 행복을 빕니더"라고 나는 일부러 경상도 사투리로 작별을 고했다. 그러자 그녀는 슬픈 표정을 거두고 짐짓 미소를 띠며 돌아섰다.

10년이란 세월이 흐른 뒤에 나는 교환 교수 자격으로 미국 아이오와 대학 대학원에서 2년 간 연구를 하게 되었다. 귀국하기 몇 달 전에 그 도시에 한국인 물리학 박사 한 분이 이사를 왔다. 전자 공업 회사에 취직한 그는 곧 한국인회 총무를 통하여 한국인 학생들과 교수를 그의 집에 초대했다. 사람들도 만나고 김치도 먹을 수 있는 이런 기회가 객지에서는 더없이 즐거운 것이다. 초대를 한 그분의 부인도 박사라고 들었다.

토요일 저녁 내가 그의 집을 찾아 초인종을 누르고 현관에 발을 들여 놓았을 때 나를 맞는 부인의 서구적인 얼굴에서 잠시 동안 휘둥그레졌다가 반가운 미소로 바뀌는 두 눈을 나는 지금도 생생하게 기억한다. 그녀의 곁에는 귀염둥이 아들딸이 따라나와 있었다.

한식으로 푸짐한 대접을 받고 나서 자리를 옮겼을 때 우연히 나는 서가에서 내 눈에 익은 《워즈워스 시집》을 보았다.

그녀는 그때까지도 경상도 사투리를 그대로 쓰고 있었다.

어떤 젊은이의 죽음

　어젯밤 나는 동료인 R교수로부터 뜻밖의 전화를 받았다. 우리의 친구인 K교수의 맏아들이 사고를 당했으니 문상하러 가자는 것이었다.
　우리는 미아리 고개를 넘어 K교수의 아파트로 갔다. 조의를 표하는 까만 리본을 단 흰 국화 화분이 문 앞에 놓여 있었다. 다른 문상객들이 침울한 얼굴로 나오고 있었다. 우리를 맞이하는 K교수는 그렇게 큰 변을 당하고도 침착해 보였다. 변변치 못한 자식 때문에 이렇게 폐를 끼쳐서 미안하다고 했다.
　주말에 하이킹을 간 아들에게 사고가 났으니 빨리 오라는 청천벽력 같은 연락을 받고, 강원도 속초로 차를 몰고 간 K교수 부부는 허겁지겁 병원으로 달려갔으나 아들은 이미 죽은 지 오래였고, 얼굴은 못 보게 가려져 있어 아들의 차가운 손만 만질 수 있었다.
　단풍으로 절경을 이룬 설악산 봉화대 꼭대기에서 투신 자살을 했다는 것이다. 바로 몇 주일 전에 나도 케이블 카를 타고 산정에 올라 저 만치 더 높은 봉화대 꼭대기에 올라간 적이 있었으므로 그 수백 길 되는 낭떠러지 위에서 뛰어 내렸다면 그 결과는 알 만했다. 동행했던 친구들의 말에 의하면, 그가 바위 위에 올라서더니 평지에서 넓이뛰기 하는 것처럼 두 팔을 들었다가 뒤로 젖히며 허공을 향해 뛰어 내렸다는 것이다. 깜짝 놀란 친구들의 손이 미치기엔 이미 때가 늦었었다는 것이다. 부모는 그 말을 믿을 수밖에 없었다. 그것은 아들의 자살을 뒷받침할 만한 근거가 마음에 짚였기 때문이다.

죽은 K군은 일찍이 고등학교 시절에도 치사량 이상의 수면제를 먹고 자살을 기도한 적이 있었다. 감수성이 예민하고 글재주가 있던 그는 S대학 영문과에 입학한 후부터 시도 많이 썼다고 했다. 그의 아버지는 아들의 시를 보고 감상(感傷)에 흘러 20세기의 시답지 않다고 평해 준 적도 있었다고 한다.

수염도 안 깎고 초췌한 얼굴의 K교수는, 울어서 눈두덩이 부어오른 여중생 딸이 가져온 커피를 우리에게 권하였다.

"나도 독한 놈이지, 쓰러진 그 자식의 어머니를 차에 태우고 내 손으로 운전하고 돌아왔으니 말이야."

그의 부인은 안방에 누워 아직까지 일어나지 못하고 있었다. 그 직접적인 동기는 무엇이겠는가라고 묻는 나에게 K교수는 "노이로제가 아니냐, 이성(異性) 관계에 문제가 있지 않았느냐고 방금 다녀간 친구들도 물었지만, 그 자식에겐 이미 대학 1학년 때부터 사귀어온 장래를 약속한 여대생이 있었고 양쪽 부모들도 인정하는 사이였지"라고 말했다. 그러면서 그는 이날 오후에 받았다는 자기 아들이 설악산에서 부친 그림엽서 한 장을 보여 주었다. 거기엔 영문으로 쓴 다음과 같은 자작(自作) 싯귀가 있었다.

몸의 고통은 잠에 의해 치료할 수 있고
영혼의 고통은 죽음에 의해 해방될 수 있다.
죽음과 잠, 그 무엇이 다르랴!

Pain of the body can be cured by sleep:
Pain of the soul can be relieved by death.
Death and sleep—what's the difference?

심리학 술어에 '죽음의 희구(death wish)'라는 것이 있는데, 이게 바로 그 사례라고 생각하면서 나는 K군이 쓰던 서가를 유심히 살펴 보았다. 혹시 쇼펜하우어의 《자살론》이 꽂혀 있지 않을까 해서였다.

그 책에서 이 비관론적인 철학자는 "자살은 개인의 절대적인 권리다"라는 점을 강조했다. 그러나 한편 그도 "우리의 영혼이 죽음을 희구할 때에도 우리의 육체는 삶을 요구한다"는 것을 인정하였고, 또 자신의 침실에 항상 권총을 숨겨 두었는데 그것은 다름아닌 호신용이었다고 한다.

쇼펜하우어의 그 책은 없었으나 셰익스피어 전집과 헤밍웨이 전기가 내 시선을 끌었다. 셰익스피어의 작품엔 로미오와 줄리엣을 비롯하여 오필리아, 오델로, 캐시우스, 안토니오와 브루터스, 클레오파트라 등 자살하는 등장인물이 수없이 많다.

특히 다음과 같이 시작되는 햄릿의 독백은 너무나 유명하다.

살아 부지할 것인가
죽어 없어질 것인가
그것이 문제로다.
가혹한 운명의 돌팔매와 화살을 받고
참는 것이 장한 정신이냐,
아니면 조수처럼 밀려드는 환란을
두 손으로 막아 그를 맞이함이
장한 정신이냐?
죽은 것은 자는 것, 다만 그뿐이로다.

> To be, or not to be ; that is the question:
> Whether'tis nobler in the mind to suffer
> The slings and arrows of outrageous fortune,
> Or to take arms against a sea of troubles,
> And by opposing end them? To die ; to sleep.

보다시피 이것은 내가 앞서 인용한 K군의 싯귀와 직결된다. 한편 그가 좋아한 것으로 보이는 헤밍웨이는 6연발 엽총의 총구를 입에 넣고 방아쇠를 당기는 맹렬한 자살을 결행했었다. 영문학도였던 K군은 이 작가들로부터, 또 카리브 해에서 투신 자살한 미국작가 하트 크레인, 템즈 강에서의 익사를 택한 영국 여류 시인 에디스 시트웰 등으로부터 엉뚱하게도 자신의 죽음을 사주받은 것이 아니었을까?

다른 문상객들이 또 밀어닥쳐 R교수와 나는 그 집을 나왔다. 그리고 갑자기 추워진 밤거리를 코트도 없이 웅크리고 걷다가 따스한 정종을 한잔 하기 위해 같이 대폿집에 들어갔다.

"K교수와 부인은 이제 퍽퍽 늙을 게로구먼."

"자기 혼자 목숨이라고 생각하니까 그런 짓을 저지를 수 있었던 거야. 우리에게도 다 큰 자식들이 있으니 이게 남의 일이 아니지. 염세

자살은 대개가 20대 전반이라던데."

"아무래도 우리의 교육이 뭔가 잘못된 것 같아. 아니면 이 산업사회를 탓해야 할까? 만약 K군이 《논어》〈학이 편(學而篇)〉에 있는 '子曰 弟子入則孝, 出則悌, 謹而信, 汎愛衆而親仁, 行有餘力, 則而學文' 즉, 종적·횡적인 인간관계를 제대로 수립하고 나서 여력이 있으면 글을 배우라는 가르침을 터득했더라면 그런 끔찍한 일을 하지 않을 수도 있지 않았을까? 그래도 죽을 사람은 죽었을까?"

《효경孝經》에 있는 '身體髮膚 受之父母 不敢毁傷 孝之始也' 쯤은 그도 배워서 알고 있었겠지만 그런 거 요즘 젊은이들은 케케묵은 넋두리로밖에 여기지 않고 귓등으로 흘려 보내는지도 몰라. 그러나 효도는 못하더라도 부모의 가슴에 못을 박아서야 되나."

"대체로 자살하는 사람은 자기가 최악의 상태에 놓여 있으며, 앞으로도 계속 그러리라고 믿기 때문인데, 앞으로 사태가 호전될 날이 있을 줄 어떻게 알아?"

그러나 물론 이런 말은 사후 약방문인 것이다.

"자살까지 한 K군의 정신적 고통이 오죽 심했을까마는 줄잡아 말하더라도 조상은 고사하고 부모와 국가 사회에서 그가 그렇게 오랜 세월을 일방적으로 지어온 엄청난 빚을 서서히 갚기 시작해야 할 무렵에 그는 그것을 잘라먹고 먼 나라로 도망쳐 버렸다고 할 수 있지."

"그것보다도 K교수의 심정을 생각하니 영 술맛이 안 나는 걸."

나는 R교수에게, 보스턴과 케임브리지 사이의 찰스 강에 투신 자살하려다가 갑자기 내리는 소나기에 질겁하여 달아나 버렸다는 어느 한국인 하버드 대학원생 이야기를 했다. 서울대를 나온 후에 그 명문 대학에 간 그 젊은이는 첫해에 입학 성적이 부진하여 절망 끝에 롱펠로우 다리의 난간에 서서 언제나처럼 가득히 흐르는 그 미꾸라지 빛의 강물을 내려다보며 비장한 각오를 하고 있을 때 그 고마운 소나기를 만났다는 것이다. 영문학 전공이 아니었던 그는 당시 그 다리 이름의 주인공인 헨리 워즈워스 롱펠로우가 "참될손 삶이여! 진지하도다 삶이여! 무덤은 결코 삶의 목적지가 아니어라(Life is real! Life is earnest! The grave is not its goal)"라고 절규한 《삶의 찬가(A Psalm of Life)》를 쓴 미국 시인이었음을 몰랐었다고 한다.

K군이 그 숙명적인 낭떠러지 바위 위에 올라섰을 때, 갑자기 소나기라도 쏟아져 내려 주었더라면 혹시 그도 마음을 돌리지 않았을까 하고 못내 아쉬워하며 우리는 술집을 나왔다.

내 아호에 대한 변(辯)

지식인은 연륜이 쌓이면 으레 자기의 본명 외에 아호(雅號)가 하나 있어야 한다는 것이 우리 구세대의 통념으로 되어 있다. 내 주변의 같은 나이 또래의 친구들치고 아호를 갖지 않은 이가 드물고 또 혹시 갖지 않았다고 해도 그것은 그들이 아직 마음에 드는 아호를 발견하지 못했기 때문이지 원치 않아서가 아닌 것 같다.

그런데 아호란《국어대사전(이희승 편)》의 정의에 의하면 '문인·학자·화가 등이 본명 외에 가지는 풍아(風雅)한 칭호'라고 되어 있다. 그러면 편자이신 이희승 박사의 아호는 무엇일까 하고 알아 보았더니 일석(一石)이었다. '하나의 돌'은 그 이미지가 너무 겸손한 것이 아닐까 하고 생각해 보기도 했지만 그런 류의 아호가 의외로 많은 데 놀라움을 금할 수 없었다.

어떤 만담가는 심지어 자기를 일부러 비하하여 '못난이'란 뜻으로

'불출(不出)'이란 아호 내지 별명을 쓰기도 했다. 하지만 그 사람도 자기가 정말 못났다고 생각하지는 않았을 것이다.

이이(李珥) 선생의 아호는 '율곡(栗谷 밤나무 골짜기)'이고 작가 이광수는 '춘원(春園)', 정객 장덕수는 '운산(雲山)', 재벌 이병철 씨의 아호는 '호암(湖巖)'인데 모두 자연미를 나타낸 것이다. 또한 서울대학 캠퍼스 안에 새로 건립된 법대 도서관에 '국산도서관(菊山圖書館)'이라고 새겨져 있는데 그것은 건립 기금을 희사한 고 김택수 씨의 아호를 딴 것이다. 자기가 좋아하는 자연 풍경을 아호로 삼는 것이 가장 많고 특히 화가들은 대개가 그런 것 같다. 운보(雲甫) 김기창, 청전(靑田) 이상범 등이 그 예다.

어떤 이들은 고향 마을 또는 산천의 이름을 따서 아호를 짓고, 또 어떤 이들은 자신의 인생 철학 또는 자신의 바람을 아호에 담기도 한다. 그런데 아호를 짓는 것은 보통 본인보다는 친구들의 소임이어서 나도 몇몇 친구들의 청을 받고 서너 개 지어주었다. 남학(南鶴), 정강(靜江), 서림(瑞林) 등이다. 내 작품인데 다행히도 모두 만족스럽게 사용하고 있다. 첫째 것은 그 친구의 고향이 남쪽이고 그의 생김새도 학 같고 또 학처럼 고고한 데가 있어서 그렇게 지어주었고, 두 번째 것은 조용하고 여성적인 성격의 소유자였기 때문이었다. 세 번째는 본인이 '림(林)'자를 넣어달라고 하기에 호응해서 지어준 것이었다. "자네

고향인 서산(瑞山)의 '서(瑞)'자와 짝 맞추어 '서림(瑞林)'—상서로운 숲이 어때?"라고 하자 쾌히 받아들였고 한잔 사기까지 했다. 그리고 그 자리에서 그도 나에게 적당한 아호를 지어주겠노라고 했다.

그런데 서양에서는 우리의 아호에 해당하는 펜네임(필명)을 가진 사람은 극히 드물다. 어쩌면 이 사실은 서양인이 우리들만큼 풍류를 즐기지 않는다는 하나의 반증이 될 것도 같다.

그러나 그 대신 그들은 어릴 때부터 본명을 줄인 닉네임(애칭 또는 약칭)—이를테면 엘리자베스는 리즈, 에드워스를 에드, 윌리엄을 빌로 부르는 따위—을 일상생활에서 보편적으로 사용하고 있다. 그것은 그들이 동양인보다 더 실용적이며 민주적임을 시사하는 건지도 모른다. 닉네임엔 별명의 뜻도 있으며 미국의 저명한 작가 존 업다이크의 《토끼》 3부작에서 토끼는 주인공의 애칭이자 별명인데 그에겐 토끼 같은 습성이 있었기 때문이다.

영미 작가 중에서 필명을 사용한 예로는 우선 19세기 영국의 여류 작가 조지 엘리엇을 들 수 있다. 그녀의 본명은 메리 앤 에반스였으나 처녀작부터 익명을 원하여 남자 이름을 자기 본명처럼 사용했는데 거기엔 그럴 만한 이유가 있었다. 그것은 당대엔 여류 문필가를 대수롭게 여기지 않는 사회풍조가 있었던 데다가 그녀는 당시의 저명한 문예비평가 조지 헨리루이스와 정식 결혼을 하지 않고 동거 생활을 하고 있었기에, 부도덕한 여자로 사회에서 지탄을 받고 있어서, 만약 그녀의 저작을 본래의 자기 이름으로 내기를 원했다면 출판사에서 받아주지도 않았을 것이고, 설사 출판되었다 하더라도 독자들이 거들떠보지도 않을 것이 분명하기 때문이었다.

더구나 그녀는 매우 지적이고 사색적인 작가였고 영국 소설 역사상 서민들의 삶과 인간의 내면 생활을 탐색한 공이 지대했으므로 일반 독자층에게 받아들여지기 위해 그런 필명을 사용한 것은 현명한 처사였다. 그러다가 그녀의 걸작《애담 비드》를 읽은 선배 작가 디킨스가 이 책은 남성이 아닌 여성이 쓴 것 같다는 의혹을 표명했고 드디어 그 저자가 누구인지 밝혀졌으나 그때는 이미 조지 엘리엇의 명성이 확립된 후였기 때문에 그 후에도 계속 인기작가로서의 명성을 유지할 수 있었다.

《톰 소여의 모험》이나《허클베리 핀의 모험》으로 유명한 미국의 유머작가 마크 트웨인 역시 '사무엘 랭혼 클레멘스'라는 길고 딱딱한 본명보다 익살스럽고 부르기 좋은 필명으로 해서 한층 더 대중의 사랑을 받았다. '마크 트웨인'이란 선원의 용어로서, 그가 소년 시절에 미시시피 강을 왕래하는 정기선의 파일럿 견습을 하고 있을 때 강물의 깊이가 두 길임을 알리는 데 쓰이는 말이었다. 두 길부터가 운항에 안전한 깊이였던 것처럼, 확실히 그의 작가 경력은 탄탄대로, 안전한

항행이었다.

《1984년》을 쓴 영국작가 조지 오웰도 역시 필명이다. 본명은 에릭 블레어였는데 여기서 에릭은 고대 스칸디나비아의 전설에 나오는 그가 좋아하지 않는 영웅의 이름이었고, 또 블레어도 그가 어떤 연유로 무조건 싫어하게 된 스코틀랜드계의 인명이었다. 그래서 그는 조지 오웰이란 펜네임을 스스로 택하기로 했다. 조지는 영국의 수호신 성(聖) 조지에서 딴 것이고 오웰은 그가 살던 서퍼크 주(州)에 있는 강 이름이었다. 이렇게 되면 약간의 풍류도 없지 않다.

최근에 나의 친구 서림이 내가 그에게 아호를 지어준 답례로 내게 몇 개의 아호들을 선 보였지만 하나도 마음에 들지 않았다. 그러자 고집 센 그 친구는 자기가 아는, 주역(周易)에 도통한 어떤 사람에게 청해서 꽤 공들인 아호를 지어 보내왔다. '태현(太玄)'이었다. 두 한자의 획수도 4,5라서 길하다고 했다.

그러나 나는 고마워하면서도 그 아호 역시 받아들이지 않기로 했다. 그것은 광막하고 오묘하고 요원하여 구름을 잡는 듯 실체감이 없고 너무 명상적이기 때문이었다. 그러나 이것을 계기로 하여 나는 실체감이 있고 행동감이 있는 아호가 내게 어울릴 것이라는 생각이 새삼 떠올랐다. 그러한 생각을 가지고 모색한 끝에, 앉아서 명상만 하는 것보다는 걸으면서 생각하는 쪽이 낫다는 결론에 도달했다.

그렇다. 걷고 또 걸어야 한다. 현세에서는 물론이고 내세에 가서도 그렇게 걸어야 한다. 그래서 나는 '우보(又步)'라는 아호를 정하게 되었다.

걷고 또 걸어 '우보'
- 앞서가다 실패한 데이트

   본인은 예사로 생각하는데 남들이 보기엔 좀 괴짜라고 생각하는 취미나 도락 같은 것을 사람마다 갖고 있다.
   내 친구들 중에도 그런 의미에서 이른바 카메라 광, 강태공, 식도락가 등이 있는데 그들은 나더러 내가 내 아호에 꼭 맞는 희한한 취미를 가졌다고 한다. 그 아호는 우보다.
   '우보'란 물론 걷고 또 걸어, 걷기를 좋아하는 사람이란 뜻이다. 실제로 요즘은 잦은 학생 데모 때문에 관악 캠퍼스에 택시가 잘 들어오지 않아, 정문까지 걸어 나와서는 내친 걸음에 봉천동 사거리까지 또 걷는다. 그 고갯길은 공기도 맑고 풍경도 아름다워 피크닉 코스나 다름없는데 왜 사람들은 차만 타고 다닐까 의아하게 여겨진다. 또 대학 후문으로 빠져나와 낙성대를 지나 가까운 전철역까지 가는 길도 친구나 애인들끼리 걷기 좋은 분위기인데도 이상하리 만큼 보행자가 적다.

나는 시내에서도 급한 일이 없는 한, 버스를 타지 않고 걸어 다닌다. 작품의 소재를 찾아 런던 시내를 자꾸 걸어 다녔다는 찰스 디킨스의 경우와는 물론 다르지만, 시내 보행은 운동도 되려니와 눈을 즐겁게 해 주기 때문이다.

중심가에 우후죽순처럼 뻗어 올라가는 대형 건축물이며, 꽃가게의 다채롭고 싱싱한 꽃들이며, 화사한 옷차림을 한 여인들의 맵시 등도 차를 타고 획획 지나가서는 충분히 감상할 수 없다. 또 동대문 시장의 인파 속에 묻히면 삶의 한가운데 말려들어간 그 생동감이 여간 좋은 것이 아니다. 그것은 문학 속의 인생처럼 상상에만 그치는 세계가 아니다.

어제는 퇴계로를 걷다가 육교 위에서 멈춰 섰다. 난간을 등지고 앉아, 참빗, 의자다리 받침, 뿔 구두주걱, 토큰 주머니 등 자질구레한 물건을 파는 한 할머니가 내 눈길을 끌었기 때문이다. 나는 꼭 필요한 것은 아니었지만 도장 주머니를 빨간 것과 까만 것으로 두 개를 샀다.

주름이 깊게 파인 그 연세에 집에서 손자들이나 돌보지 않고 무슨 연유로 여기까지 나와 땡볕에 앉아 있을까 싶었지만 그것보다도 그 얼굴을 보니, 내 어린 시절에 이북에 있는 고향 마을의 장거리에서 녹두, 팥 따위를 자루째 놓고 팔고 앉아 있던, 이미 오래 전에 한 줌의 흙이 되었을, 어떤 할머니의 이미지가 떠올라서 마음이 스산했다. 차를 타고 달려도 시간이 모자라는 이 바쁜 세상에 한가롭게 걸어다닐 여가가 어디 있느냐고 반문할지 모르지만, 사람은 누구나 나름대로 살 길을 찾게 마련이다.

나는 하루에 한 시간 정도밖엔 걷지 않는 데다가, 일부러 평상시의 내 걸음은 아직도 경보 대회에 나가면 상위권에 들어갈 자신이 있을 만큼 꽤나 빠르기 때문에, 때로는 택시를 기다리는 시간이면 목적지에 도달할 수가 있다.

빠른 걸음 얘기가 나왔으니 말이지만, 젊은 시절에 나는 어느 날 미국에서 온 아름다운 한국인 2세 여자와 같이 얘기하며 종로 거리를 걷고 있었다. 화제가 끊어졌을 때 나는 동행이 있음을 깜박 잊고 평상시 내 걸음으로 앞서 걸었다. 50보쯤 앞서가다가 퍼뜩 생각이 나서 황급히 그녀에게로 되돌아가자, 그녀는 "외국 유학을 했건, 영문학을 하건 한국 남자는 어쩔 수 없군요!" 하며 화를 내는 것이었다.

나는 "대학 1학년 때 교내 마라톤 대회에서 내가 1등 했거든요" 하면서 변명을 해보았으나 소용없는 노릇이었다. 그녀는 에티켓을 모르는 나를 다시는 만나주지 않아서 나를 낙담시켰다. 그런 일이 있었는데도 오늘에 이르기까지 나는 이따금 동행인에게 그런 실례를 되풀이한다. 특히 계단을 오를 때엔 두 다리가 요동을 쳐서 3층에 올라가려는데 번번이 4층까지 올라와 있곤 하여 나 자신과 보는 사람을 놀라게 한다.

　사람이란 어떤 일에서 자기가 남들보다 앞서는 것을 알고 또 사람들이 그것을 인정해 주면, 그 일에 더 재미를 붙여 계속하게 되는 법이다. 집사람이 자기가 가꾼 정원의 화초를 보는 사람마다 찬탄하고 또 원예 클럽의 부회장이 되니까 더욱 그 취미에 열성을 바치는 사례가 그렇고, 차가 있으면서도 그것을 아예 자식들에게 맡겨 버리고 자신은 "내 아호가 우보인데 될수록 걸어야지, 차를 모는 것은 격에 맞지 않는다"면서 좀처럼 운전을 하려 하지 않는 나의 경우도 그럴는지 모른다. 번역에 대한 나의 오랜 취미도 출판사로부터 간단없이 청탁이 오고, 상을 받고 하는 바람에 어느덧 부업처럼 되었다. 따지고 보면 내가 택한 직업도 취미에서 출발했으므로 그것은 곧 취미 생활이라고 할 수 있다.

　내 연구실을 찾아온 물리학 교수인 한 친구가 내가 앞으로 강의할 소설을 읽고 있는 것을 보고, 소설을 읽고 월급을 받으니 팔자 좋다고 농담조로 한 말이 잊혀지지 않는다. 또 한 가지 잊혀지지 않는 것은 어느 해인가 《리더스 다이제스트》에서 읽은 구절이다.

　"다리는 우리의 제2의 심장이다" "내 건강을 돌봐주는 두 의사가 있는데 그건 오른다리와 왼다리다"라는 말이었다.

한 사람의 취미가 자신의 직업이나 부업과 일치하는 것은 참으로 복된 일이다. 미국의 철학자 조지 산타야나가 말했듯이, 마지못해 하는 일은 고역이지만 흥미를 느끼고 자발적으로 하는 일은 노는 것만큼이나 아니, 그 이상 즐겁기 때문이다.

무료한 일요일
– 일상생활의 리듬이 끊긴 하루

인간은 원래가 게으른 동물이지만 먹고 살기 위해 마지못해 일을 하다보면 일 자체에서 즐거움을 발견하기도 하고 때로는 게으름 피우는 것보다도 일하는 쪽을 더 좋아하게 되기도 하는가보다.

근무처에 갈 의무가 없는 일요일 아침엔 누구나 으레 늦잠을 자는 것을 보더라도 인간 본래의 나태성을 알 수 있다. 지난 일요일 아침에 나는 잠을 깨고도 누운 자리에서 엎치락뒤치락하면서 신문을 뒤적이다가 아침 식사를 하라는 재촉을 몇 번씩 받고 10시 가까이에야 일어났다. 잠옷 바람으로 아침 식사를 하고 나서 커피잔을 놓고 텔레비전을 보는 둥 마는 둥 하다가 문득 입 안이 텁텁함을 느끼고 비로소 이를 닦고 세수를 했다. 그러나 수염 깎는 일은 나갈 일이 생길 때까지 미루기로 했다. 그것은 귀찮은 일과이기 때문이었다.

서재에 들어갔다. 오랫동안 해오던 하나의 큰 과제를 며칠 전에 끝

냈고 청탁 받은 원고가 있기는 했지만 당장 급한 것은 아니었다. 이때 나는 엉뚱한 생각이 들었다. 오늘은 하루 종일 집 안에 틀어박혀 책도 보지 말고 글도 쓰지 않고, 아무데도 나가지 않고, 그저 누웠다 앉았다 하면서 전혀 아무런 일도 하지 말고 하루를 보내고는 그 뒷맛이 어떤가 음미해 보자는 것이었다.

그런데 그런 작정을 한 이면에는 한두 가지 이유가 있기는 했다. 그 전날 토요일 오후, 미국 문학의 고전《주홍 글자》에 주석을 다느라고 몇 시간 동안 깨알만한 글자와 씨름을 하고 나서 피로를 풀 양으로 빈 속에 코냑을 스트레이트로 한 잔 하고 나서 무심코 눈을 비빈 것이 화근이 되어 왼눈 한 모서리의 모세혈관이 터져, 문자 그대로 '혈안'이 된 것이다. 의사가 며칠간 술을 가까이하지 말 것은 물론이고 가능하면 책도 보지 말라고 했던 것이다.

창밖의 뜰을 내다보았다. 부슬부슬 비가 내리고 있었다. 겨우내 감쌌던 볏짚을 벗겨버린 장미·모란꽃·수국 등에서 새싹이 비집고 나오는 소리, 목련과 라일락에 물이 올라 꽃망울이 터지는 소리가 들리는 듯 싶었다. T.S.엘리엇의 〈황무지〉 첫 구절이 생각났다.

4월은 잔인한 달
죽은 땅에서 라일락을 길러내고

온갖 추억과 욕망을 뒤섞고
잠들었던 뿌리를 봄비로 깨운다.

 이 시에서 '4월은 잔인한 달'이라고 한 것은 생식 능력을 잃어버린 지 오래고 차라리 죽기를 원하는 늙은이가 새봄에 만물이 소생하는 것을 보니 공연히 옛 추억과 부질없는 정욕만 일어난다고 해서 하는 넋두리지만, 내 집 뜰을 적시고 있는 가랑비는 초봄의 잠들었던 뿌리들을 깨워 물이 오르게 하고 길러내는 생명수 같은 봄비임에 틀림없었다. 그것은 서머셋 모옴의 단편 〈비〉에서 인간의 격정을 폭발시키는 듯이 양철 지붕을 무자비하게 두들겨 때리는 남양(南洋) 섬의 폭우도 아니고, 2차대전시 잔악한 독일군 공습에 빗대어 쓴 에디스 시트웰의 탄핵시(彈劾詩) 〈아직도 비가 쏟아진다〉에 나오는 그런 비도 아니며, 헤밍웨이의 〈무기여 잘 있거라〉의 마지막 장면에서 아이를 사산하고 죽은 아내 캐더린을 병원에 남겨두고 거리로 나온 프레데릭의 어깨 위에 뿌려진 비와도 성질이 달랐다.
 며칠 안 가서 저 봉오리진 목련이 활짝 피면 그것은 내 서재의 벽에 걸린 아천(雅泉) 화백이 그린 화사한 자주빛 목련과 그 빛깔이나 모양이 닮아지리라. 그 그림엔 '옥란선보춘(玉蘭先報春)'이란 제자(題字)가 들어 있다. 옥란이란 목련의 시어(詩語)인 것이다. 그리고 그 맞은

편 벽엔 역시 액자에 넣은 셰익스피어의 무덤 상석비문(床石碑文)의 탁본이 걸려 있다. 그것은 이번에 내가 그의 출생지이자 무덤이 있는 영국의 스트래트퍼드온 에이번에 갔을 때 방문기념으로 사온 것이다.

> 착한 친구여, 제발 이 안에 든 유골을 파는 것을 삼가라. 이 묘석을 그대로 두는 사람은 축복 받을 것이며 내 뼈를 움직이는 자는 저주받을지어다.

셰익스피어의 자작으로 전해지는 이 비명(碑銘)은 당시 성행하던 도굴을 예방하기 위해서였다고 일러지지만 자기 무덤을 후세 사람들이 유린할까 두려워하는 것은 동서를 막론하고 인지상정일 것이다. 《햄릿》에서 '죽는 것은 자는 것'이라고 말한 셰익스피어는 그의 사후에 언젠가는 기독교에서 말하는 부활의 나팔 소리가 울릴 것이고 그때엔 자신도 고스란히 누워 있던 그의 무덤에서 깨어 일어날 수 있기를 은근히 바랐을는지도 모를 일이다. 그는 《소네트 집》에서 "아름다운 님을 찬양하고 흠모하는 내 시의 생명은 우리들이 한세상 살고 난 뒤에 묻힌 무덤의 묘석들보다도 더 오래 남을 것이오"라고 말했다. 그가 남긴 불후의 명작들은 그의 묘석이나 비명과는 관계없이 영원히 살아 빛을 발할 것이다.

서가를 둘러보던 중 그 한구석에서 나는 오랫동안 찾지 못했던 《이상한 합금(合金)》이란 비평서를 발견했다. 그러나 오늘만은 책을 안 보기로 다짐했으므로 뽑았던 그 책을 도로 꽂고 그 위치만 확인해 두었다.

　시장기가 났다. 중국 음식점에 전화를 걸어 점심을 시켜 먹었다. 안 사람이 모임에 가고 없었기 때문이다. 거울을 보았다. 빨개진 눈이 보기 흉하다. 이런 눈을 가진 얼굴을 좋아할 사람은 없을 것이다. 그러나 이성간의 결합에 관한 한, 남보기에는 못난 사람도 저마다 짝이 있게 마련이다. 종족이 다른 외국인을 배우자로 삼거나 10년 연상의 여자와 결혼하거나 플라이급 여자가 헤비급 남자와 맺어지고도 금슬 좋게 사는 따위의 실례(實例)를 보는 것은 어렵지 않다. 그것은 사람은 '제눈에 안경'이기 때문이지만 보이지 않는 힘의 지배를 받고 있기 때문이기도 하다. 4월이 되면 흙 속에서 움튼 옥잠화 싹이 하루 사이에 1인치나 자라고 까치가 둥우리를 고쳐 짓는—요즘 까치는 비닐조각도 주워다가 쓴다고 한다—것도 물론 그 신비하고 절대적인 힘이 배후에서 작용하고 있기 때문인 것이다.

　거울에 비친 내 머리에서 이상한 머리카락 몇 오라기를 발견했다. 희한하게도 반은 검고 반은 희다. 이것은 다름아닌 노화가 한창 진행 중에 있다는 뚜렷한 증거(라틴어로 메멘토모리)인 것이다. 어쩔 수 없는 생리적 현상이다. 한잠 자고 싶어졌다.

 초인종 소리에 우스꽝스런 꿈에서 깼다. 집사람이 돌아오고, 이어서 등산 갔던 아이들이 귀가하여 집 안은 왁자지껄해져 사뭇 생기에 찼다. 늦게 저녁을 먹고 나서 텔레비전의 수사 드라마를 보았다. 운명의 덫에 걸린 인간이 바로 여기에 있고, 살인 사건의 배후엔 반드시 여자가 있다는 뜻의 '여자를 찾아라'라는 프랑스 속담이 들어맞는 실화가 바로 이것이구나 싶었다.

 다른 아버지들처럼 조깅을 시작할 것을 권하는 가족들과 이야기를 나누다가 눈에 신경이 가서 일찌감치 자리에 눕기로 했다. 그리고 안사람이 찜질을 해주는 동안 잠이 들어버렸다.

 지금 회고해 보니, 두문불출하고 일에서 손을 끊고 완전히 무위(無爲)로 지낸 그 하루가 나에게 충분한 휴식을 주었다기보다는 나의 습성화된 생활의 리듬이 잠시나마 끊겨져 어쩐지 거북했던 것 같다. 애연가가 본의 아니게 하루 동안 담배를 끊어 괴로웠던 것에 비할 수도 있겠다. 《과자와 맥주》라는 소설에 "그녀(로지)는 아무 일도 하지 않고 소일하는 능력을 가지고 있었다"라는 구절이 나오지만 아무래도 나에겐 그런 능력이 부족한 것 같다. 몸과 마음이 멀쩡한데 하는 일 없이 오랫동안 배겨낼 수는 없기 때문이다. 어떤 사람은 손 하나 까딱하지 않고 한평생 살았으면 한이 없겠다고 농담 반 진담 반으로 말한다. 하기야 그런 생활도 버릇이 되면 당연하게 받아들일 수 있을 것이다. 내가 만약 그런 꿈 같은 한가한 생활을 지속해 왔다고 한다면— 아니, 그 비슷하게만 살아왔다 하더라도 최소한 과로와 코냑과 '혈안'의 찜질로 연결된 그런 하루를 보내는 일은 없었을 것이다.

그러나 나는 일거리와 자극이 있는 생활이 좋은 전형적인 도시인임에 틀림없다. 한방의가 침을 놓는 것은 조화를 잃고 해이해져서 병든 인체에 물리적 자극을 가하여 정상 가동을 시키기 위해서라고 한다.

나는 무위와 정체(停滯)로 인해 몸과 정신이 해이해져 병들게 하지 말아야겠다. 만약 그렇게 된다면 그거야말로 새로운 생명력이 용솟음치는 봄철의 자연의 순리에 어긋난다는 것이, 내가 무료하게 보낸 그 하루의 뒷맛이라면 뒷맛이겠다.

왜 사느냐?

"선생님은 왜 사십니까?"

내가 분담 지도하는, 약간 노이로제가 있는 학생이 내 연구실에서 커피를 마시다가 불쑥 물었다.

"왜 사느냐구? 그거야 뭐 죽지 못해 살지. 자넨 안 그런가?"

나는 웃으며 농담조로 얼버무리고 나서 두툼한 안경을 쓴 이 대학 2년생의 엉뚱하고도 핵심적인 질문에 대해 대충 다음과 같은 답변을 해주었다.

한 마디로 "왜 사느냐?"고 어떤 사람에게 묻는 것은 마치 한 그루의 나무나 한 마리의 개에게 왜 살아 있느냐고 묻는 것이나 다름없이 어떻게 보면 무의미한 물음같이 들리기도 한다. 생명이란 자의에 의해서 얻는 것이 아니라 운명적으로 주어진 것이기 때문이다. 우리가 살아 있는 것은 부모님이 낳아서 길러주신 덕분이며, 이를 순수한 생물학적인 측면에서 본다면 우리의 현재의 존재는 인류(Homo sapiens)라는 종(種)의 존속을 위해서 자연이 마련해준 하나의 수단으로 간주된다. 말하자면 우리의 부모는 그들의 부모에게서 태어났고, 그들의 부모는 그들 자신의 부모에게서 태어났으며, 이렇게 해서 신화 시대에까지 거슬러 올라가고, 또 우리가 낳은 자녀는 우리의 핏줄을 이어 그들의 자녀를 낳고, 이렇게 해서 우리 개개인의 존재는 면면히 이어지는 생명의 연쇄 가운데서 하나의 고리의 구실을 할 뿐이다.

한편 우리 인간은 각자 혼자서는 살 수 없고 사회의 한 구성원으로 살아가는 만큼 우리에겐 크건 작건 그 사회에 기여해야 할 의무가 있다는 것을 장황하게 논할 필요는 없겠다.

그러나 우리가 우리의 삶을 오로지 의무에만 관련시켜 생각한다면 그것은 무척이나 답답하고 딱딱할 것이다. 우리는 의무를 위해서만 사는 것이 아니라 자유로운 개인으로서 각자 자기 나름의 그 어떤 목적을 갖고 그 목적을 이룩하기 위해 살아가고 있다고 보는 것이 보다 더 타당할 줄 믿는다.

이를테면 농부가 부지런히 일하고 근검절약하여 번 돈으로 송아지 한 마리를 사서 그것이 커가는 것을 지켜보는 재미로 산다든가, 자식의 성장 과정에 최대의 관심을 쏟으면서 산다든가, '그대는 나의 태양'이라고 부를 만한 애인과의 대화에서 삶의 환희를 느낀다든가, 이따금 자기의 이름 석 자가 활자화되어 나오는 것에 비길 데 없는 재미를 붙이고 산다든가, 식도락을 위해서, 혹은 여행·등산·낚시·바둑 따위의 취미를 즐기며 산다든가 하는 것이 "왜 사느냐?"에 대한 보다 더 실질적인 답이 될 것이다. 그러나 우리가 사는 이유에는 앞에서 열거한 것 같은 형이하학적인 것이 있는 반면에 형이상학적인 것도 빼놓을 수 없다. 실존주의자의 말을 빌릴 것도 없이 인간은 신과 동물의 중간이기 때문이다.

 삶을 이야기할 때는 언제나 죽음의 문제가 나오게 된다. 얼마 전에 내가 제주도에 갔을 때 만장굴에 깊숙이 들어갔었는데 갑자기 정전이 되어 굴 속이 칠흑의 어둠에 묻힌 일이 있었다. 나는 그때 느꼈던 본능적인 공포를 잊을 수가 없다. 프랜시스 베이컨이 "아이들이 어둠을 두려워하듯이 어른들은 죽음을 두려워한다"고 했지만, 그때 나는 그 암흑 속에서 죽음을 실감할 수 있었다. 전기가 다시 들어오고 밖에 나와 눈앞에 펼쳐진 휘황찬란한 대자연의 경관과 희희낙락하는 사람들을 목도했을 때 나는 진정한 삶의 환희를 맛보았다. 그리고 비록 고뇌와 어려운 문제가 산적한 인생이라 할지라도 삶을 지향하는 것은 얼마나 바람직하며 죽음을 상기시키는 것은 얼마나 우울한가 하는 것을 새삼스럽게 깨달았다.

 해를 따라 움직이는 해바라기는 활짝 피지만 음지에서는 제구실을 못하는 것처럼 삶을 긍정케 하고 이를 지속시켜 주는 것은 광명이요 선(善)이요 지혜요, 그와 반대로 삶을 부정케 하고 단절시키는 것은 암흑이요 악이요 우매라고 내 나름대로 단정짓고 싶다.

　인생이 짧고 덧없다는 것은, 셰익스피어의 〈맥베스〉의 "꺼져라, 짧은 촛불, 인생은 걸어가는 그림자에 지나지 않는 것!"이라는 명귀를 비롯하여 "초로(草露) 같은 인생"이니 "인생은 일장춘몽(一場春夢)"이니 따위로 고금을 통해서 여러 가지 말로 표현되고 있다. 미국의 시인 롱펠로는 그의 〈인생의 찬가〉에서 아이러니컬하게도 우리의 심장의 고동을, 무덤을 향해 행진하는 우리를 위해 북치는 '장송고(葬送鼓)'에 비유하였다. 과연 우리는 앞서거니 뒤서거니 하며 무덤으로 행진하고 있는 것이 사실이다. 그보다 앞서 영국의 시인 앤드류 마벨은 그의 〈수줍은 연인에게〉에서 오늘의 아름다운 아가씨도 세월이 흐르면 언젠가는 구더기가 파먹는 시체로 변할 것이니 수줍어 말고 오늘을 즐기자고 말하고 있다. 이 시 가운데 이런 구절이 있다.

　　내가 항상 등 뒤에서 듣는 소리는
　　'세월'이란 날개 돋친 전차(戰車)가
　　나를 따라잡으려고 달려오는 소리
　　우리 모두의 눈앞에 펼쳐진 것은

망망한 영원의 사막

　나는 민들레의 성장과정을 불과 몇 분 동안에 볼 수 있도록 저속(低速) 촬영해 찍은 것을 인상깊게 본 일이 있다. 씨가 흙 속에서 뿌리를 뻗고 싹이 돋고 자라서 잎이 퍼지고 꽃을 피우고, 그것의 영근 씨를 낙하산에 태워 바람에 날려 보내고 그 자체는 말라죽어 버린다. 우리는 식물의 생애의 한 사이클을 묘사한 그런 저속 촬영으로 사람의 일생을 찍은 것을 상상할 수도 있다. 태아→소년→청년→(결혼, 자녀 출산)→중년→노년→환토(還土)하는 과정을 5분 이내에 본다면 덧없기 짝이 없는 것이 인생이라고 생각하지 않을 사람은 없을 것이다.
　그야 거시적으로 보고 추상적으로 논한다면 인생이 짧고 덧없는 것은 부정할 수 없는 사실이지만, 그러나 그것은 절대적인 것이 아니다. 보기에 따라서는 인생은 무한히 길고 지리한 것일 수도 있다. 요즘 텔레비전 화면에서 자주 보듯이 앞에서 이야기한 것과는 반대로 우리의 일상생활을 슬로 비디오로 나타냈을 경우를 상상할 수 있다. 하루살이의 일생과 우리 인간의 일생을 비교해 보라. 말하자면 우리가 일상적으로 의식하는 시간 관념은 절대적인 것이 아니라 상대적인 것이며, 다분히 심리적인 것이라 해야 할 것이다. 따라서 우리 인생도 짧게만 볼 것이 아니라 길게도 볼 수 있는 것이다. 특히 젊은 사람들에겐 인생이 짧고 덧없기는커녕 영원만큼이나 길고 신바람날 만큼 리얼한 것이다.

인생이 덧없이 끝나버릴 리가 없다고 여기고 영생을 희구하는 마음에서 나왔겠지만 내세를 믿는 사람들이 적지 않다. 대부분의 종교가 현세는 내세를 위한 준비 기간이라고 본다. 그러나 나 자신은 누가 "왜 사느냐?"고 물었을 때 정색하고 "내세를 위한 준비 과정을 보내고 있다"고는 대답할 수 없다.

나로서는 인생이 짧다느니 길다느니 하는 것은 별 의미가 없다고 생각한다. 문제는 짧든 길든간에 우리의 생애를 보람있는 것이 되도록 하자는 데 있고, 보람있게 사는 것이란 위에서 말한 바 인간이 지니는 양면─형이상학적인 면과 형이하학적인 면, 칸트의 이성과 루소의 감성─을 조화있게 충족시켜 나가면서 자기계발을 하는 생활이라고 본다.

토머스 해리스라는 미국의 심리학자가 최근에 낸 책《I Am OK. You Are OK.》에서, 나도 만족하고 나를 상대하는 사람도 만족시킬 수 있는 것이 이상적인 사회생활이라고 하고, 그러나 이 양자가 둘 다 만족하기는 쉬운 일이 아니라는 점을 강조하였다. 자칫하면 양쪽이 모두 'not OK'이거나 한쪽만이 'OK'가 된다는 것이다. 나는 자신의 양면을 조화있게 충족시켜 나가는 동시에 대인관계 내지 사회생활에서도 너와 내가 모두 OK인 그런 균형상태를 유지해 나가는 사람이고 싶다.

그러나 유감스럽게도 내 경험으로는 이것이 가장 바람직한 생활이라 생각하면서도 가장 이루기 어려운 것임을 거듭 깨달았다. 자연에 순응하는 보다 더 현명한 인생을 보내기 위해서 동양의 중용사상(中庸思想)이니 서양의 중도 사상(golden mean) 같은 말이 무엇을 뜻하는 것인지 이런 면에서 다시 한 번 음미해 볼 만하다.

칫솔과 기름

한남대학에서의 초청강연을 마치고 그곳 교수들과 저녁을 같이 하고 나서 선화동 B여관에서 하룻밤 묵었다. 대전 시내에서 깨끗하기로 유명한 여관이라고 그들로부터 추천받은 집답게 깔끔한 가구와 반짝이는 장판에 티 하나 없었다. 이부자리도 정갈했고 목욕탕도 흠잡을 데가 없었다.

아침이 되자 여종업원이 노크를 하고 들어와 서비스라면서 커피를 따라주었다. 나는 국내외 많은 여행에서 일찍이 그런 서비스는 받아본 적이 없었으므로 이 여관이 경영을 특별히 잘하는 것 같다고 하며 궁금했던 것 한 가지를 물었다.

목욕탕 세면대 위 선반에 놓인 일회용 칫솔 두 개 중 손님이 나처럼 하나만 쓰고 남기고 간 것들을 어떻게 하느냐는 것이었다.

"그야 포장을 뜯었으니 버려야지요."

"대전과 유성엔 여관과 호텔이 유별나게 많다는데 매일매일 그렇게 쓰지도 않고 버리는 칫솔의 수가 매우 많겠군요."

나는 1년 동안에 전국적으로 그렇게 버려지는 칫솔이 산더미처럼 쌓이는 것을 상상해 보았다. 반밖에 안 쓴 2인용 치약 튜브도 마찬가지다. 그리고 그것의 원료와 만든 사람들의 노고가 낭비되는 것이 너무나 아깝게 여겨졌다.

"하지만 그런 건 손님들이 전기와 물을 낭비하는 것에 비하면 아무것도 아니에요. 목욕탕에 불을 켜고 물을 틀어놓은 채 주무시는 손님들이 있거든요. 밤새 온수가 빠져 나가면 그만큼 그 비싼 기름도 소모되지요. 게다가 수도세를 더 내야죠. 수도세에 비례해서 하수도세도 더 내야 하니 여간 손해가 아니에요."

어찌 그것이 여관의 손해뿐이겠는가. 국가 경제의 손실이다. 소비가 미덕이라는 말도 있지만 낭비와 소비는 구별되어야 함은 물론이다. 우리나라 사람들은 자기 가정의 물이나 에너지는 잘 절약하면서도 자기와 직접 이해관계가 없는 남의 것이나 공공시설은 함부로 쓰는 경향이 많다.

벤자민 프랭클린은 "징 하나가 없어서 말발굽의 편자가 떨어져 나갔고, 편자가 없어서 말이 달리지 못했고, 말이 달리지 못해서 말 탄 병사가 적의 추격을 받아 살해되었다"라고 했다. 이것은 가정뿐만 아니라 나라 살림에서도 마찬가지일 것이 자명하다. "시간은 돈이다", "여자를 고를 때엔 눈을 크게 뜨고, 일단 아내로 삼은 뒤엔 눈을 반쯤 감아라"라는 따위의 그의 명언에 버금가는 지혜가 담긴 말이라 하겠다. 플랭클린의 '징' 이야기를 '칫솔' 이야기로 바꿔 이런 말도 할 수 있을 것 같다.

"칫솔 하나 없어서 제때에 이를 못 닦아서 입에서 냄새가 났고 입에서 냄새가 나서 애인에게 퇴짜를 맞고 애인에게 퇴짜를 맞은 그는 강물에 투신자살했다."

'기름'은 '징'이나 '칫솔'에 비할 바 아니게 귀한 것이고 걸핏하면 가격이 뛰고 있으니 기름 한 방울 안 나는 우리나라에서 아껴 써야 한다는 것은 두말할 것도 없다.

관악산을 바라보며

다행히도 관악 캠퍼스 안에 있는 내 연구실은 아파트단지 같으면 상당한 프리미엄을 얹어야 살 수 있을 3층 양지 바르고 전망 좋은 남향 방이다. 지금도 창을 여니 화사한 햇살이 쏟아져 들어오고 맑은 공기를 한껏 들이마실 수 있다. 바야흐로 파랗게 단장해 가는 잔디밭과 새싹이 움트는 나무들 건너편에 백만 권의 장서를 자랑하는 대학 도서관이 있고 그 위쪽에 교수회관, 가정대, 약대 건물들, 아래쪽에 대학본부, 학생회관 등이 보인다. 그러나 조경이 잘 된 이 캠퍼스보다 이따금 내 눈을 더한층 끄는 것은 그 뒤에 병풍처럼 펼쳐져 있는 관악산의 장관이다. 한두 달 전만 해도 하얀 눈에 덮여 있던 높고 낮은 봉우리가 이젠 나무들이 울창하고 암벽이 듬성듬성한 본래의 자태를 드러내고 있는 것이다.

그런데 문제는 엎드리면 코 닿을 거리에 있는 저 산에 내가 한 번도 올라가 보지 못했다는 사실이다. 교문을 나가서 다리를 건너 개울을 끼고 얼마쯤만 걷게 되면 나들과 함께 등산길에 들어서게 될 텐데. 이 캠퍼스로 옮겨온 지 6년이 지나도록 사시사철 매일같이 그저 바라다보기만 해오지 않았던가. 미인을 멀리서 감상하는 것과도 같은 그러한 생각에서였을까? 아니, 그보다는 아무래도 게을러서 그랬다고 할 수밖에 없을 것 같다.

임어당(林語堂)의 〈중국인의 성격〉이라는 에세이가 생각난다. 그 글에서 그는 중국인이 서구인에 비해 삶의 철학이 더 원숙해 있음을 주장하고 있다. 그는 공자가 현세주의자였음을 상기시키면서 중국인은 현세의 행복이 모든 지식의 궁극적인 목적이라는 관점에서 구태여 남극을 탐험한다거나 히말라야 산을 정복한다거나 하는 생각은 아예 하지 않았다고 말했다. 서구인들이 그 일을 해내는 것을 보고 중국인은 "그건 뭣 때문에 하시오? 행복해지기 위해서 남극에까지 가야 합니까?" 하고 묻는다는 것이다.

지척에 두고 있으면서도 관악산은 나에게 남극처럼 멀고 히말라야 산만큼이나 높게 보였는지도 모른다. 귀찮아서 오르려고 하지 않는 심정은 마찬가지기 때문이다. 히말라야 등반은 등산가의 지구력과 기량 같은 것이 필요하고 게다가 생사를 건 대모험이지만 저기 바라다 보이는 저 산쯤은 등산화를 신지 않고도 한두 시간이면 오를 수 있으련만, 나는 아직껏 계절마다 하루에도 수십 번 바뀌는 저 산의 경관을 그저 감상하는 것으로 만족해 온 것이다. 아직 멀쩡한 두 다리를 가지고도 문자 그대로 좌시(坐視), 앉은 채로 바라보기만 했다는 것은 임어당이 말하는 중국인의 행복 철학을 자신도 모르는 사이에 따라왔기 때문인지도 모른다.

그러나 그 행복 철학이 게으름이나 소극적인 인생관에 기인한 것이라면 오늘을 사는 우리에게 결코 바람직한 생활태도라고는 할 수 없을 것이다. 만약 우리 국민의 대다수가 그런 정신을 가지고 있었다면 치열한 국제적 경쟁사회 속에서 오늘의 번영을 이룩할 수 없었을 것이다. 오늘날에 와서는 중국인들도 서구의 물질문명을 따라가기 위해 안간힘을 다하여 그들의 '행복 철학'이 한 세대 전과는 판이하게 달라지고 있는 듯하다.

서가에 꽂아두고 바라보기만 하던 책을 마음먹고 꺼내 읽는 기분으로 오는 일요일엔 6년간 눈에 익은 저 산에 올라가 볼까. 동반자가 없으면 혼자서라도 등산화에 점퍼 차림으로 나서봐야겠다.

가던 길 멈추어 서서

여가를 즐기는 방법은 사람들의 취향에 따라 가지가지다. 바둑이나 낚시로 소일하는 사람이 있는가 하면, 가족과 함께 공원을 산책하거나 배낭을 메고 등산을 가는 사람도 있고, 영화나 음악 감상을 하는 이들도 있으며, 각양각색의 오락과 스포츠를 즐기는 사람들, 소설, TV 드라마, 잡담으로 시간을 보내거나 아예 낮잠을 자는 사람들도 있다. 특히 스트레스가 쌓이는 일이 많은 직업전선에 투신하고 있는 사람들에겐 여가는 감로주(甘露酒)나 오아시스와도 같고 그 이상의 효과를 주기도 한다. 그러나 사람들 중에는 자기의 일에 미쳐서 모처럼 가질 수 있는 여가마저 그 일을 위해 상납하는 이들도 있다. 그런 사람을 가리켜 영어로 '일 중독자(workaholic)'라고 부르는데, 그건 그다지 좋은 호칭이라 할 수 없다.

영국 시인 윌리엄 데이비스(1870~1940)의 시 중에 〈여가〉라는 시가 있다.

여가

근심걱정으로 가득할 뿐, 가던 길
멈추어 서서 아무것도 눈여겨 볼 시간이 없다면
이 세상 삶이 어떠한 것이 될까?

나뭇가지 아래 서서 양이나 소들처럼
물끄러미 바라볼 시간이 없다면,

숲을 지날 때 다람쥐들이 호두를
풀섶에 숨기는 것을 볼 시간이 없다면,

한낮 햇살을 받아, 밤하늘에 가득한 별들처럼 반짝거리는
냇물을 바라볼 시간이 없다면,

아름다운 여인의 눈길에 고개를 돌려
춤추듯 걸어가는 그녀의 발걸음을 눈여겨 볼 시간이 없다면,

그녀의 눈웃음이 입가에서 활짝
피어나기를 기다릴 시간조차 없다면,

근심걱정으로 가득할 뿐, 가던 길
멈추어 서서 아무것도 눈여겨 볼 시간이 없다면
이 세상 삶이 얼마나 가난한 것이 될까?

Leisure

What is this life if, full of care,
We have no time to stand and stare.

No time to stand beneath the boughs
And stare as long as sheep or cows.

No time to see, when woods we pass,
Where squirrels hide their nuts in grass.

No time to see, in broad daylight,
Streams full of stars, like skies at night.

No time to turn at Beauty's glance,
And watch her feet, how they can dance.

No time to wait till her mouth can
Enrich that smile her eyes began.

A poor life this if, full of care,
We have no time to stand and stare.

　이 시인이 말하는 '가난한 삶'을 사는 사람들이 우리 주변엔 없는가? 모르긴 몰라도 수없이 많을 것이다. 급격한 산업화에 따라 우리나라도 풍요로운 사회로 치닫고 있는데 그러한 '가난한 삶'을 사는 사람들의 숫자는 늘어가기만 하는 것 같다.
　최근에 내가 만난 어떤 신입 회사원은 매일같이 야근을 하고 일요일에도 출근할 때가 많다고 했고, 또 어떤 고3 담당 영어교사는 이른 아침에 출근했다가 보충수업까지 마치고 집에 돌아오면 밤 11시고, 일요일에도 수업 준비로 바쁘다고 했다. 그래서 그들은 여가를 즐기고 싶어도 그럴 시간이 없다고 푸념을 했다. 그들이 가던 길을 멈추어 서서 이것저것 눈여겨 보지 않는 것은 그렇게 하고 싶지 않아서가 아니라 자기가 맡은 책임을 완수해야겠다는 의무감이 앞서기 때문이리라. 그렇게 되면 그들의 동료들도 서로 남에게 뒤질세라 제각기 일을 위해 뛸 것이므로 그러다 보면 이들은 모두 봉급은 웬만큼 받아 물질 면에서는 어느 정도 여유있는 생활을 한다 하더라도 정신적으로는 '가난한 삶'을 면치 못하게 되는 것이다.

그러나 본의 아니게 그렇게 '가난한 삶'을 사는 사람들보다 더 '가난한' 사람들은 "시간은 돈이다"라는 생활 철학을 신봉하는 사람들일 것이다. 그리고 이들 중에 돈 많은 사업가가 많으리라는 것은 상상하기 어렵지 않다.

대재벌 사업가의 대명사와도 같은 J.D.록펠러 2세의 전기를 보면, 그가 돈과 시간 관리에 얼마나 철저했는가를 알 수 있다. 어린 시절부터 그는 금전출납부를 쓰고 있었는데 13세 때의 그의 장부에 기입한 사항들을 보면 이 어린이가 양친으로부터 집에서 일한 만큼의 대가를 어김없이 받아냈다는 사실이 기록되어 있다. 예컨대 연필 깎은 삯으로 2센트, 양탄자 깐 대가로 10센트, 온도계를 벽에 건 노임으로 10센트, 파리 잡은 수고료로 한 마리당 2센트씩 받아냈다. 일을 하는 데는 시간이 소요되므로 일의 대가를 철저히 받아낸다는 것은 일에 사용한 시간의 대가를 받는 것이며 시간을 돈으로 환산하는 것은 당연하다. 그렇게 생각하는 사람에겐 일을 해서 돈을 벌 수 있는 시간을 여가로 소비한다는 것은 밑지는 장사임에 틀림없을 것이다. 그러므로 재산증식에 최고의 가치를 두는 사람이 여가로 시간을 소비한다는 것은 그의 철학에 위배되고 따라서 간혹 마지못해 여가를 가진다 해도 시간이 아까워서 남들처럼 마음껏 즐길 수가 없을 것이다.

   지난 겨울에 나는 성공한 사업가인 중학동창을 거리에서 만났다. 그는 외출했다가 시내 중심가에 있는 자기 소유의 고층빌딩으로 들어가는 참이었다. 오랜만이라면서 그는 나더러 자기 사무실로 가서 차나 한 잔 하자고 했다. 맨 위층의 사장실에서 그는 자신이 사업 이야기를 했다. 빌딩 사무실 임대 문제에 관한 이야기였는데 '근저당'이니 '적금 대부'니 '만기시에 가액을 차감한 잔액을 변제한 뒤라야 서울민사법원에서 판결된 보증채무가 면제된다'는 등, 나에겐 익숙하지 않은 어휘들이라서 더 이상 귀에 들어오지 않았다. 그 대신 창 밖으로 내다보이는 눈 내리는 광경이 내 눈을 끌었다. 나는 그더러 눈 내리는 남산이 한 폭의 동양화 같다고 했다. 그러나 창문을 등지고 앉아 있던 그는 단지 "그래?" 할 뿐, 관심없다는 듯 뒤돌아 보지도 않았다. "운동장에서 눈싸움하던 생각 안 나?" 하고 내가 다시 말하자 그는 무슨 헛

소리를 하느냐는 듯이 화제를 돌려 아래층에 세든 은행 지점이 전세 계약이 곧 만료되었으므로 다른 은행 지점으로 대치하기로 했다고 말했다. 내가 왜 그랬느냐고 묻자 이유는 간단했다. 그 다른 은행으로부터 임대를 더 많이 얻어낼 수 있기 때문이라는 것이다. 그리고 그 문제로 방금 그쪽 은행 당사자와 협의하고 돌아왔다고 했다.

K사장은 중학교밖에 안 나왔지만 사업에 뛰어난 소질이 있어서 1·4후퇴 당시 맨손으로 월남했었으나 지금은 고층 빌딩의 소유자가 되었고 새로 제지 공장을 경영할 계획도 세우고 있었다. 월남 초기엔 구청 마당 한구석에서 30분 만에 완성하는 증명사진을 찍어주는 사진사로 시작하여 부동산에 손을 댔고 다행히 그것이 성공을 거듭하여, 벌어들인 재산을 터키탕이 있는 호텔 경영에 투자하여 큰 히트를 쳤고, 급기야 오늘의 대사업가가 된 것이다. 그는 술, 담배를 일체 입에 대지 않았고 사업밖에 몰라 항상 일에 바빠서 1년에 한 번뿐인 동창회에도 못 나오는 경우가 많았다.

"여가를 어떻게 즐기나?" 사장실을 나온 나는 배웅하러 엘리베이터 앞에까지 따라나온 그에게 물어보았다.

"여가가 다 뭐야? 언제 그럴 시간이 있어? 물론 이따금 스트레스 해소야 하지." 그는 껄껄 웃고 나서 말을 이었다.

"자넨 학생들에게 시나 소설을 가르친다지? 그야말로 날마다 여가를 즐기고 신선놀음을 하면서 월급을 받고 있구먼. 참 팔자 좋네. 내가 자네만큼 영어를 할 줄 안다면 이만한 빌딩 두 채는 더 가질 수 있었을 거야. 그런 의미에서 자네는 인생을 낭비하고 있는 거야."

 엘리베이터를 타고 내려올 때 그가 내게 한 마지막 말이 마치 연극의 멋진 대사처럼 내 머릿속에서 감돌았다. 그것은 바로 내가 그에게 하고 싶었던 말이었을 것이다.

 밖에 나와서 나는 눈 내리는 속의 고층 건물을 눈여겨 쳐다보았다. 마치 신기루 속에 솟은 건조물 같았다. 나는 한순간 그 빌딩이 내 소유라고 상상해 보았다. 다음 순간 그 옆의 빌딩도 또 그 다음 빌딩도 모두 내 소유라고 상상해 보았다. 그러나 내 소유욕은 충족되었고 내가 K사장보다 더 부유한 사장이 되었다. 물론 그것은 법적인 뒷받침이 없는 소유일지라도 그렇기 때문에 오히려 재산관리상의 온갖 근심 걱정을 면할 수 있고 또 손쉽게 처분할 수 있어서 좋았다. 동산·부동산을 많이 소유했지만 마음이 가난한 사람보다는 재산은 비록 많지 않더라도 마음이 풍요로운 사람이 진실한 의미에서 부유한 사람이다.

 나는 밤낚시를 즐긴다는 동료 교수의 말이 생각났다. 별이 빛나는 밤하늘 아래서 호반에 낚싯줄을 드리우고 앉아, 숲이 우거진 산과 잔잔하고 맑은 물에 비친 산그림자를 보며 낮에는 듣지 못하던 작은 벌레소리에 귀를 기울이고 앉아 있노라면, 자연과의 일체감에서 오는 경외심을 체험하게 된다고 했다. 그것은 K사장이 말한 스트레스 해소로는 얻을 수 없는 차원 높은 희열이다. 또한 그것은 인위적인 관념이나 물욕에 지배되지 않고 인간의 본연의 자세로 돌아가 자기가 대우주의 섭리에 순응하는 소우주임을 확신할 수 있게 해준다.

2

푸른 나뭇잎과의 우정

문학과 모럴

최근 우리 대학 소극장에서 손창섭 작 〈잉여인간〉이 공연되었다. 그 마지막 날 밤 공연 중에 정전이 되어 연극이 잠시 중단되었다. 이 뜻하지 않은 막간에 내 옆자리에 앉아 있던 친구 김장로가 어두워진 무대 쪽을 턱으로 가리키며 나에게 말을 건넸다.

"어중이떠중이 괴짜들만 모아 놓았군요. 정말 〈잉여인간〉 전시장인데요."

"하지만 작가의 의도는 그것에 그치는 것이 아닐 걸." 내가 대꾸했다. "오히려 그들이 결코 잉여인간이 아니고, 잉여인간이 되어서도 안 된다는 걸 강조하는 거지."

나는 미국 작가 셔우드 앤더슨 작 《오하이오 주 와인즈벅》이란 단편집 이야기를 꺼냈다. 일견 괴상한 사람들이 많이 등장한다고 해서 〈괴상한 사람들〉이란 부제까지 붙어 있다. 그러나 앤더슨은 이에 대해

"괴상한 사람들이 정상적인 사람들이고 정상적인 사람들이 괴상한 사람들이다"라는 역설적인 설명을 가하였다.

그 중의 한 단편 〈모험〉의 예를 보더라도 여주인공인 노처녀는 괴상한 것 같으면서도 정상적이다. 멀리 떠나 소식조차 없는 애인을 그리다 못해 비 오는 날 그녀는 벌거벗은 채로 대문 밖까지 뛰어나갔다. 그러나 그녀는 문득 '사회'를 의식하고 자신의 행동에 깜짝 놀라 허겁지겁 자기 방으로 돌아가서 문을 잠그고 침대에서 베개를 안고 운다. 따지고 보면 그녀는 자연발생적인 본능에 의한 정상적인 행동을 하다가 사회의식에 억압되어 비정상적인 자제를 한 것이다. 또 영국 작가 서머싯 몸 작 《달과 6펜스》의 주인공도 매우 괴팍한 천재 화가이지만, 그 자신의 눈으로 볼 때 그리고 이해성 있는 독자의 눈으로 볼 때 그는 지극히 정상적인 인간이다. 사뮈엘 베케트 작 《몰리》도 괴벽스러운 불구의 거지 노인을 그렸으나 그 역시 사회풍습에 순응하지 않았을 뿐, 그의 내적 독백을 읽어보면 우리는 내심 그에게 공명하지 않을 수 없다. 이들은 모두 우리들의 꿈을 대변해 준다.

"그러나 그런 작품에서 독자가 얻는 게 도대체 뭔데?"

장로가 얼굴을 찡그리며 말했다.

"괴상한 사람들보다는 건실한 사람을 주요 인물로 하는 교훈이 될 만한 작품이 더 좋고, 불건전한 소재—이를테면 섹스에 치중한 작품보다는 우리의 정신적인 양식이 될 만한 유익한 작품이 더 바람직하지 않은가 말이야."

나는 '교훈적'이나 '유익한'이니 하는 것은 주관적인 문제라고 답변했다. 17세기의 영국작가 존 번연의 《천로역정(天路歷程)》이란 기독교적인 우화(寓話)나 19세기 말에서 20세기 초에 미국에서 대단한 베스트셀러였던 호레이쇼 앨저의 입지전적인 소설들은 그가 말하는 유익하고 교훈적인 것이 되는 작품일는지 모른다. 신앙이 두텁고 착한 사람만이 천국에 갈 수 있었다느니, 가난에서 몸을 일으켜 끈기있게 노력해서 마침내 돈과 명예를 얻고 예쁜 여자와 결혼하여 행복을 누리게 되었다는 등의 이야기를 해주기 때문이다.

그러나 문학은 인간과 사회를 리얼하게 예술적으로 그려야 가치가 있는 것이고 독자는 그런 데서 오히려 감명을 받는다. 제임스 조이스, D. H. 로렌스, 헤밍웨이, 포크너 등의 작품은 그런 의미에서 도덕성이 매우 높다고 할 수 있다.

오늘의 사회 풍토는 옛날처럼 소박하지도 않고 낙관적이지도 않다. 멜로 드라마틱한 〈흥부와 놀부〉, 〈콩쥐팥쥐〉, 심지어는 이광수의 계몽소설의 메시지도 오늘의 우리 독자에겐 그리 어필하지 않는다. 시대가 바뀐 것이다. 돈과 명예가 노력 여하에 달려 있다는 가르침을 액면 그대로 받아들이기엔 세상은 너무나 복잡다단하다. 신의 존재는 회미하고 전쟁과 죽음의 위협은 쉴 새 없이 계속된다. 통신망의 발달은 시시각각 변하는 세계정세를 우리에게 즉각적으로 알려 줌으로써 우리의 관심사와 걱정거리는 헤아릴 수 없이 많아졌다. 우리는 불안과 부조리와 아이러니 속에서 살고 있는 것이며 가치관도 고정되어 있지 않다.

이런 사회에 사는 현대인을 리얼하게 그리는 문학작품에 가령 섹스가 과거보다 더 많이 가미되었다고 해서 탓할 것은 못 된다. 섹스가 최고의 현실도피구요, 번거롭고 기계적인 도시생활로부터 원시적인 것에의 향수를 충족시켜 주는 것으로 더욱더 표면화되고 있는 것이 사실이기 때문이다. 서기 1세기에 매몰되었다가 후세에 다시 발굴된 폼페이 시 저택 벽화의 대담한 성 묘사나 14세기 중엽에 나온 《데카메론》을 상기할 때 현재 미국 문단에서 존 업다이크 작 《부부(夫婦)들》, 필립 로스 작 《포트노이의 증상》 등이 장기간 베스트셀러 1위를 차지한다고 해서 퇴폐적이라고 우려할 건 없다. 청교도나 유교가 사회를 지배하던 시대는 지났고 이 산업사회에서 문학의 영역은 넓어졌다. 다만 문학의 격조 높은 세태 묘사가 주안점이다. 인간에 관해 진실하게 쓴 것이라면 무엇이든지 '교훈적'이고 '유익'할 수 있는 것이다.

근간의 《뉴스위크》지는 〈섹스와 예술〉이란 특집을 내어 미국에서 섹스가 예술의 각 부분에서 대량 진출해 있는 현상을 열거 예시하고 나서, 그것은 돌이킬 수 없는 시대적 조류라고 결론지었다. 위선과 비극적인 억압을 일삼던 빅토리아 시대는 지난 지 오래고 이제는 인간의 자기 의식과 합리적인 자유를 추구하는, 프로이드 이후의 생활 철학이 지배적이 되었다는 것이다.

다만 우리나라는 미국 같은 나라와 사정이 좀 다르긴 하다. 우리 사회는 개인주의가 그리 철저하지 않고 의식주가 남아돌아가는 풍요한 사회도 아니며, 일반적으로 성(性)모럴이 그들처럼 개방적이 아니라 자제적이며 은폐적이다. 그러나 급격히 변천하는 과정에 있는 것도 사실이다. 우리는 우리 나름대로의 표현의 자유를 누릴 수 있어야 하며 폭 넓고 진실하며 격조 높은 문학을 이룩해야 한다.

김 장로는 다시금 내 말을 반박하려는 듯이 보였으나 무대가 다시 밝아져서 연극이 계속되었고, 우리는 그 후 더 이상 말을 주고받지 못했다.

푸른 나뭇잎과의 우정

창가에서 흔들려라 나의 초록색 벗이여,
어여쁜 여름 나무 잎새들이여, 밤이 올 때까지,

내 피로한 눈 씻어주고
붙잡힌 벌레처럼 여기서 안달하는
내 생각을 해방시켜 다오.

선들바람 이리로 불어올 적마다
너희들은 더불어 춤출 수 있고
유희할 수 있으니.

스쳐 지나가는 미풍과도 만날 수 있으니—

그 땐 얼마나 우아로운가!

어느샌가 너희에게 햇빛이 가 닿으니
눈부신 햇살은 생명을 일깨우고

그리하여 너희 건강한 잎새들은 기꺼이
햇살과 하나가 된다

깜찍한 파리 한 마리 날아와 네 가슴팍에 안긴다.
잎새와 빛은 이 손님을 반긴다.

나, 자연에 대해 아는 바 더더욱 적어가나
초록 잎새들에 힘입어 가끔은 추측해 본다.

　　　　　— 에드먼드 블런든 〈서재의 창가에서〉

Wave at my window, my green friends,
Sweet summer leaves, till night descends.

Refresh my eyes, release my thought
That moils here like an insect caught.

For you can dance and you can play
With every breeze that comes this way,
.

For you can meet the lightest air
That passes—then what grace is there!

The sunlight suddenly arrives,—
The diamond sunbeam, it revives,—

And you, good leaves, as soon reply
And wed the sunshine. The wise fly

Comes then and lodges on your breast,
And leaf and light rejoice this guest.

Of nature I know less and less,

But green leaves sometimes let me guess.

― E. Blunden, *"From a Study Window"*

  문학작품 속의 상황이 독자가 처해 있거나 실제 경험과 일치하는 내용이면 독자는 더한층 공감과 애착을 느끼게 마련이다. 그런 점에서 이 시는 내가 가장 좋아하는 시의 하나가 되었다.

  관악 캠퍼스는 조경이 잘 되어 있어, 곳곳에 꽃과 나무들이 보기 좋게 배치되어 경관의 미를 돋구고 있지만, 2동 앞에도 적당한 간격을 두고 라일락꽃·향나무 등과 함께 한 그루의 단풍나무가 서 있다.

  그런데 3층에 있는 내 연구실 바로 아래쪽에 내려다 보이던 그 단풍나무가 지난 몇 해 동안에 크고 또 커서 마침내 그 윗가지가 10미터 높이나 되는 내 연구실 창까지 올라와 그 한쪽이 내 창에 드리워지게 되었다. 밖에서 볼 때도 꽤나 운치가 있어서 "나무보다 아름다운 시는 없으리라……"로 시작되는 조이스 킬머의 〈나무들〉, 벚꽃나무를 보고 자신의 인생의 낙조(落照)를 개탄하는 A.E.하우스만의 〈가장 화사한 나무〉를 연상케 해주는 이 나무는 어쩌다가 이렇게 나와 인연을 맺게 된 것이다. 나는 가끔 창문을 활짝 열고 그 손바닥 같은 초록색 잎을 잡고 우정을 나눈다.

창가의 나뭇가지에서 위로를 받고 명상에 잠긴다는 이 블런든의 시는 행마다 나의 느낌을 대변해 주는 것이지만, 지금 이 순간에도 파리가 아닌 꿀벌 한 마리가 날아와 잎새 위에 앉았다. 초록색이 눈의 피로를 풀어준다는 것은 과학적으로 증명된 사실이기도 하다. 우거진 잎이 햇빛에 반짝이며 바람에 흔들릴 때 거기엔 젊은 여성의 율동미가 있다. 그러나 거센 비바람과 싸우며 요동칠 때엔 처참하게 느껴져 우산을 받쳐주고 싶은 심정이 되기도 한다.

에드먼드 블런든(1896~1974)은 영국 시인으로서 '현대의 워즈워스'라고 불릴 만큼 20세기엔 드물게 보는 자연시인이며, 자연에 대한 영국인의 전통적인 신비감과 경외감이 이 짧은 시에도 여실히 표현되어 있음을 본다.

얼마 안 가서 나의 창가의 초록색 벗도 단풍 옷으로 갈아입게 되리라.

우정의 시금석

 내가 어렸을 때 촌로(村老)가 이런 이야기를 하는 것을 들었다. 그것은 나중에 알고 보니 많은 사람들의 귀에 익은, 예부터 전해 내려오는 하나의 일화였다. 즉, 아들이 자기가 아버지보다 친구가 많은 것을 자랑했다. 그러자 아버지는 하나의 시험을 해보자고 제의했다. 아들은 기꺼이 응했다. 그날 밤 아버지는 아들에게 도살한 돼지를 가마니에 넣어 얹은 지게를 지게 했다. 그들이 꾸몄던 대로 아들은 그의 첫 친구의 집에 가서 대문을 두드렸다. 친구가 나오자 그는 다급하게 말했다.
 "내가 실수로 사람을 죽였다네. 나를 하룻밤만 숨겨줄 수 없겠나? 자세한 건 들어가서 얘기하겠네."
 그 친구는 피묻은 가마니 속에 시체가 들은 줄만 알고 "큰일 날 소리하네!" 하고 문을 쾅 닫고 빗장을 내려 버렸다. 다음 친구 집을 찾아가도 마찬가지였고, 그 다음 친구 집도 매한가지였다. 그의 수많은 친구들 중에 그를 숨겨 주겠다는 자는 한 명도 없었다.

이번에는 아버지가 그 지게를 받아 지고 몇 사람 안되는 그 자신의 친구 집으로 향했다. 아버지도 이 집 저 집 문을 두드려 친구가 나오면 역시 다급한 어조로 똑같은 말을 되풀이했다. 그러자 아들의 경우와는 달리, 가는 곳마다 친구들은 한결같이 자기 일처럼 당황하고 걱정해 주며 "어서 들어오게, 여부가 있겠나!" 하고 대문을 활짝 열어주는 것이었다. 그렇게 나올 때마다 물론 아버지는 그것이 아들에게 우정이 무엇인가를 보여주기 위한 조작극에 지나지 않았음을 알려주고 어른들끼리 크게 웃었다. 아들은 무색할 따름이었다.

진정한 우정인가 아닌가를 식별하는 방법은 친구를 위해서라면 이해(利害)를 초월하여 발벗고 도와주려고 나설 용의가 있는가 여부에 있다. 때로는 자기 희생을 무릅쓸 각오가 되어 있어야 한다. 우리 속담에 "궂은 일에 친구"라는 말이 있고, 또 "어려울 때의 친구가 참다운 친구"라는 영국의 속담도 있다.

마크 트웨인의 대표작 《허클베리 핀의 모험》은 바로 그러한 우정을 예시해 주고 있다. 허크는 섬에서 만난 흑인 노예 '짐'과 함께 뗏목을 타고 미시시피 강을 남하한다. 그와 고락을 같이하는 동안에 인종을 초월한 우정이 싹튼다. 짐은 노예해방지구에 가기 위해서 주인 집에서 탈출한 흑인 노예였다. 허크는 자기가 짐의 도망을 방조해 주고 있는 것이 위법일 뿐만 아니라 지옥에 떨어질 부도덕한 행위임을 상기하고 양심의 가책을 느낀다. 이 소년은 그러한 사회교육을 받아왔기 때문이다. 그래서 기회가 왔을 때 짐을 고발할 생각도 꽤 심각하게 해본다. 그러나 그런 짓을 하면 자기를 신뢰하고 있는 친구를 배반하는 결과가 될 것이므로 그는 "차라리 내가 지옥에 가리라!" 하면서 마음을 고쳐먹고 위기를 넘긴다.

그렇다. 진정한 우정은 반드시 교우 기간이 문제가 되는 것이 아니라, 극한적인 상황에서 그 참모습을 드러낼 수 있는 것이다. 그 전형적인 한 예를 우리는 전쟁터에서 쏟아지는 총탄을 무릅쓰고 부상당한 전우를 구출하는 전우애에서 찾아볼 수 있을 것이다.

평상시에 오랜 세월을 두고 사귀어온 바둑 친구, 등산·낚시 친구, 술 친구 사이에서도 좋을 때는 함께 하다가도 죽었을 때 그 초상집에 가서 밤새는 것은 고사하고 문상조차 가지 않는 사례를 우리는 주변에서 얼마든지 본다.

'먼 친척보다 이웃 사촌'이란 말도 있지만 무엇보다도 친구는 만나야 친구다. 자주 만날수록 즐겁고 우정이 돈독해진다. 그러므로 항시 자기 일에 쫓기는 사람은 한 직장에서 일하지 않는 한, 모처럼 가까워졌던 사람과의 사이도 멀어지기 일쑤다. 이야기를 나누는 것만으로 그치지 않고 오락과 식사를 같이 함으로써 우애는 더욱더 다져진다. 특히 술자리를 같이 한다는 것은 친구 사이의 의식(儀式)이라고 해도 과언이 아닐 것이다. 한 쪽이 술을 잘 하는데 다른 쪽은 술을 입에 대지도 않는다면 빈부의 차가 심할 경우처럼 우정이 성립하기가 어렵다.

우정은 어쩌면 술과 같은 작용을 하는지도 모른다. 지기(知己)와의 만남은 긴장을 풀어주고 마음을 푸근하게 해주기 때문이다. 그 마음 편함의 정도 여하가 우정의 또 하나의 시금석이라고 해도 좋을 것이다. 그리고 우정의 이상적인 단계는 그 친구 앞에서는 다른 사람에겐 닫혀진 마음의 문이 활짝 열려지기 때문에 구태여 가식할 필요가 없는 경지에 이르는 것이다. 자신의 인간적인 단점을 드러내어도 그 친구는 남들처럼 탓하지 않는다. 그는 자기 일처럼 비밀을 지켜줄 것이기 때문에 남에겐 창피해서 말하지 못할 사연을 그에게 털어놓음으로써 마음이 후련해진다. 그리고 그것은 피차일반이다.

간혹 친구로서 충고를 해도 그것이 진심에서 나온 것임을 알기 때문에 허심탄회하게 받아들인다. 그러나 상대방에게 나를 본받을 것을 요구하진 않고 그저 있는 그대로의 그의 사람됨을 무조건 좋아한다. 우정은 남녀간의 애정과는 다르다 할지라도 부정(父情)이나 모정(母情)처럼 하나의 정인 만큼, 그것은 이성을 초월한 것이다.

따라서 계산적 머리가 지나치게 발달한 반면에 정서가 고갈된 사람은 우정의 축복을 향유하기 어렵다. 또 자아가 너무 강한 사람이나 경쟁의식이 지나친 사람에게도 친구가 따르지 않는 법이다. 버트란트 러셀 경도 그의 《행복론》에서, 경쟁의식이야말로 인간의 행복을 저해하는 최대의 적이라고 했다. 독일의 작곡가 바그너는 친구를 순전히 자신의 목적을 위해 이용하고 배반하기를 떡먹듯이 했다. 또 미국의 과학자 아인슈타인은, 자기가 누구와 개인적인 친분을 가진다는 것은 타고난 성격상 불가능하다고 말했는데, 위의 두 사람은 인생에서 얻을 수 있는 최대의 축복 중 하나를 외면했다고 할 수밖에 없다.

　이와는 반대로 영국의 몇몇 시인은 죽은 친구를 추모하는 명시를 남겨 친구에 대한 그들의 사랑이 얼마나 깊었는가를 엿볼 수 있게 해준다. 밀턴의 〈리시더스〉, 셸리의 〈애도네이스〉, 테니슨의 〈사우보(思友譜)〉 등을 들 수 있지만, 특히 테니슨이 그가 아끼는 벗이었던 케임브리지 동창생 아더 핼람의 죽음을 애도한 〈사우보〉는 문학사상 최고의 비가(悲歌)의 하나로 일컬어진다. 그는 핼람의 사후 〈어머니처럼 자비롭고 형제들보다도 더 정다웠던 그 친구〉에 대해 추상(追想)에 추상을 거듭하며 무려 17년간에 걸쳐 장시(長時)를 썼다. 이쯤 되면 우정의 극치라고 할 수 있을 것이다.

호랑이 밥

나는 어린 시절을 평양에서 멀지 않은 한 농촌에서 보냈다. 어느 농촌에서나 그랬듯이 별이 총총한 여름 밤이면 마당에 멍석을 깔고 마른 쑥을 태워 모기를 쫓으며 온 가족이 모여 앉아 이야기의 꽃을 피우곤 했다. 이웃 사람들이 와서 낄 때도 있었다. 그 가운데 한 아낙네가 있었는데 그녀의 말솜씨가 보통이 아니었다.

한번은 그녀의 아들 용철이가 아랫마을에서 온 키 큰 아이와 싸우다가 발길에 채였다. 용철이는 울면서 집에 돌아가 어머니에게 일렀다. 그러자 그녀는 그 아랫마을 소년에게 달려가서 욕설을 퍼부었다. "이 쌍놈의 새끼, 호랑이가 뜯어먹어도 사흘은 먹을 새끼가 자기보다 작은 애에게 발길질을 해? 그 썩은 덜구쟁이 같은 다리몽둥이를 분질러 버릴까 부다. 네 에미가 너 같은 걸 낳구두 아들 낳았다고 먹국 먹었겠다? 넌 벌써 싹이 노오래! 허랑말코 같은 새끼, 염병을 앓다가 땀 못

내서 뒈질 놈의 새끼같으니라구."

셰익스피어의 《줄리어스 시저》에서 부르터스가 매관매직하는 카시우스를 질책하는 대목을 연상케 하는 그녀의 욕설이 대부분 창의적인 것이었다고 볼 때, 즉석에서 그렇듯 다채로운 수사전적(修辭典的)인 비유를 일사천리로 내뱉은 것은 그녀가 다분히 문학적인 소질을 가지고 있었음을 증명한다고 말할 수 있을 것이다. 그녀는 욕설에만 능했던 것이 아니고 적시적소에서 매우 통찰력 있는 말을 하곤 했었다.

그 중에서도 내가 생생하게 기억하는 것은 그 어느 여름 밤의 화제에서, 가뭄 때 어떤 농부가 남의 논의 물을 몰래 자기 논으로 빼낸 사건과 관련해서 그녀가 던진 한 마디다. "법 없으면 마당에 똥 누기디." 이것은 "법은 질서다. 좋은 법은 좋은 질서다"라고 한 아리스토텔레스의 말을 서민들에게 보다 더 잘 먹혀 들어가게 바꾸어 말한 것이라고 할 수 있다.

또 한번은 그녀는 이런 말도 했다. "가만히 보문 세상 만사는 망질(맷돌질)이야." 그 당시 나는 어린 마음에 세상 일은 돌고 도는 것이라는 뜻으로만 생각했었는데, 그때에 화제가 누구와 누구의 궁합이 어찌구, 누구의 첩살이가 어쩌구 하는 것이었던 것과 아울러 회상할 때 그것은 이를테면 음양 5행설 또는 프로이트 심리학을 촌부다운 소박한 말로 핵심을 찔러 표현한 것이라고 여겨진다.

나는 그녀가 제대로 교육도 받아보지 못하고 타고난 재질이나 통찰력을 살려볼 기회도 가져보지 못한 채 한평생을 산촌에 묻혀 살다가 가버린 것을 애석하게 생각한다.

18세기 영국 시인 토마스 그레이의 유명한 시 〈시골 묘지에서 쓴 애가〉 속에 바로 그러한 사람들을 통탄한 구절이 있다.

이름 못 낸 밀턴이 여기에 말없이 쉬고 있을지 모를 일이며,
혁명의 유혈극을 빚지 않은 크롬웰이 또한 여기에 묻혀 있을지 모른다.
Some mute inglorious Milton here may rest,
Some Cromwell guiltless of his country's blood.

시골에서 가난하게 이름 없이 한세상 살다가 갈 운명이었기에 남다른 재능을 가졌으면서도 시골 한구석에서 이따금 자신의 잠재력을 번득여 보인 것만으로 끝나 버린 인생이 묻힌 무덤은 사실상 너무나 많다.

그리고 그것은 도시의 공동 묘지의 경우도 마찬가지다. 공장 직공, 가게 점원, 구두닦이 소년, 버스 안내양 등은 말할 것도 없고, 심지어 대학 출신의 회사원이나 은행 직원, 중고등학교 교사들까지도 그들의

직무에 거의 모든 시간을 바치다 보면 자기를 제대로 살펴보지 못하고 마는 경우가 허다할 것이다.

반면에 자신의 재능의 한계를 무시하고 부질없이 악전고투하는 이들도 있었다. 그러다가 가족을 희생시키고 건강을 해쳐 비명에 간 사람도 있다.

그리고 그것이 순전히 명예욕 때문이었다면 그런 사람들은 '명예'라는 이름의 호랑이의 밥이 되었다고 해야 하지 않을까?

포토맥 강의 철새들

몇 해 전에 나는 《찰스 강의 철새들》이라는 제목의 영문 단편집을 낸 일이 있다. 찰스 강은 보스턴과 케임브리지 두 도시 사이를 가로질러 대서양으로 도도히 흘러 들어가는 강으로, 그 책은 내가 이 지역에서 1년간 거주한 데서 온 부산물이었다.

케임브리지에 있는 하버드, MIT 등의 명문대학, 그리고 그 강 건너에 있는 역시 유명한 보스턴 대학에서 학문을 닦기 위해 해마다 미국내에서 뿐만 아니라 세계 도처에서 학생과 교수들이 몰려들어 각기 얼마 동안 체재하고는 떠나버리고, 또 새 사람들이 떼지어 오곤 하는 모양이 마치 그 강을 오가는 철새들 같았기에, 그 당시 나를 포함한 몇몇 철새들의 생태를 한 편의 단편으로 썼던 것이며, 그것을 그 단편집의 표제로 삼았던 것이다. 그런데 지난 겨울방학에 나는 국제 세미나 참석차 뉴욕에 갔었는데 그 기간에 주말을 이용하여 옛 친구들을 만나기 위해 비행기편으로 보스턴에 갔다. 그리고 케임브리지 쪽의 찰스 강을 거닐면서 그들과 옛 정을 나누었다.

내가 최근에 번역한 장편소설《이브의 도시》의 작가이자 오래 전부터 잘 아는 사이인 존 업다이크 씨를 가까운 베블리팜에 있는 그의 집으로 찾아가서 만나기도 했다. 그는 나를 보자 "한국의 철새가 다시 찰스 강에 돌아왔구먼" 하고 농담을 했다.

대서양이 내다 보이는 언덕 위 숲속의 그의 하얀 집, 부인이 부재중이어서 그가 손수 만들어준 커피, 세 개의 방에 꽉 찬 책들, 서재에서 작동하는 워드프로세서 등도 인상적이었지만, 나는 그가 의외로 한국 사정에 밝은 것을 알고 놀랐다. 한국의 경이로운 경제발전과 신속한 민주화에 깊은 감명을 받았다고 말하는 그는 1970년에 그가 방문했을 때와는 달리 몰라보게 변모한 서울 거리의 모습을 언급하면서 "이제 새 정부가 들어섰으니 학생 데모는 좀 가라앉을 건가요?" 하고 관심을 보이기도 했다.

그는 그의 베스트셀러 장편《커플스》(1968)에 한국인 물리학자 홍씨를 등장시켰고 또《이브의 도시》(1986)에도 MIT 대학원생 한국인 김동명을 등장시켰는데, 이들은 모두 백인 사회의 난륜(亂倫)에서 초연하고 오히려 그들에게 구원의 길을 암시해 준 독실한 기독교 신자로 그려져 있다. 한국인 교회가 여럿 있는 보스턴 지역에서 이 작가의 눈에 비친 한국인의 이미지는 기독교 신앙과 관련지어져 있는 것 같다. 그는 또 작품 속에서 '김동명은 21세기 초까지엔 모든 면에서 세계를 움직일 힘을 갖게 될, 열심히 공부하는 젊은 동양 학생들 중의 한 사람이다'라고 쓰고 있다.

외국인의 눈에 비친 한국인의 이미지—이것은 지구촌 사람들이 우리 집안을 어떻게 보는가 하는 문제기 때문에 우리 모두에게 여간 중요한 관심사가 아닐 수 없다. 그런데 얼마 전에 우리 일간신문에 발표된 이에 대한 세계 여론은 반드시 좋은 것만은 아니었다. 뉴욕의 세미나에서 만난 한 영국인은, 한국인은 성급한 국민 같다면서 그 예로서 빈발하는 데모와 조잡한 제품을 들었다. 몇 해 전에 그가 런던에서 사 입은 한국제 와이셔츠는 며칠 못가서 실밥이 틀어지고 단추가 떨어져 나갔다고 했다. 서둘러 만든 제품은 조악할 수밖에 없다는 이야기였다. 와이셔츠의 경우 그건 몇 해 전의 덤핑상품이었을 것이고 우리나라 제품도 이제는 품질이 많이 향상되었고 머지않아 영국제 '런던포그'에 버금가는 레인코트도 만들어낼 수 있을 것이라고 답변은 했으나, 그가 한 말은 특히 근년의 산업화 과정에서 드러난 우리 국민성의 일면을 정확히 꼬집은 것 같아 두고두고 생각이 난다.

서구 도시는 그렇지 않은데 우리 도시의 보도 블록은 대부분이 평탄하게 깔려 있지 않아서 밟기에 불편할 때가 많을 뿐더러 비가 오면

도처에 물이 고인다. 또 모처럼 택시라도 타면 기사가 사납게 몰아대는 차 속에 앉아 있기가 두려우며 그러한 상황에서 사고가 빈번히 일어나지 않는다면 오히려 이상할 것이다. 그러나 한편 이러한 성급한 마음가짐은 한국인의 근면성과도 연결되는 것 같다. 왜냐하면 결과를 빨리 보려면 부지런히 뛰어야 할 것이기 때문이다. 미국인들은 교포들의 근면성에 혀를 내두른다. 뉴욕에서 유태인의 전유물이었던 야채, 과일 장사를 이제는 한국인이 인계받아 독점하다시피 하고 있다. 이것은 그들이 매일 남들이 아직 자고 있는 새벽에 일어나 밭에서 갓 뽑은 신선한 야채를 소비자에게 제공해 주고, 또 사과 하나하나를 반짝반짝 빛나게 닦아서 진열하는 그 극성스러움에 기인하는 것이다.

동대문 시장 출신의 어떤 상인은 그가 고용한 흑인이나 남미인에게 과일 상자를 올리고 내리라는 뜻으로 "업(up)하라구!" "다운(down)하라구!"를 외치며 불철주야 노력한 결과 뉴욕의 과일업계에서 손꼽히는 거상(巨商)이 되었다고 한다. 또 어디를 가나 한국인이 경영하는 세탁소가 한결같이 번영하는 것은 그들이 항상 부지런하게 세탁을 빨리 해줄 뿐만 아니라 다림질 솜씨가 외국인의 추종을 불허하기 때문이라고 한다. 볼티모어에서 제일 큰 어물상이 한국인이라는 것도 우연한 일이 아니다. 미국인들이 싫어하는 생선의 비린내도 꺼리지 않고 억척스럽게 달려드는 적극성과 근면성이 있기 때문이다. 미국인은 사회보장 제도에 의존하여 적당히 살망정 한국인들처럼 장래를 위해 뼈를 깎는 노력은 하지 않는 사람들이 대부분이다.

그런데 이렇게 분골쇄신하여 부지런히 일하는 교포들은 거의 누구나 한밑천 잡아서 언젠가는 한국에 돌아가 여생을 보내는 것이 소원이다. 워싱턴에 갔을 때 나는 포토맥 강변의 메리옷 호텔의 12층 식당에 근무하는 미세스 김이라는 한국 여인과 이야기를 나누었다. 그녀는 워싱턴 지역에 6만 명의 교포가 산다고 했다. 이들 중에는 흑인촌에 들어가 장사하는 이들도 많은데 금년 들어서만도 네 사람이나 폭력배에 의해 희생되었다고 했다. 그렇게 위험한 지구에 왜 들어가느냐고 내가 묻자 돈을 벌려면 위험을 무릅쓰더라도 그들을 상대하는 편이 빠르다는 것이었다. 현재 뉴욕에 20만, 로스앤젤레스에 50만, 시카고에 10만, 샌프란시스코에 6만을 비롯하여 미국 전역에 백만이 넘는 교포가 남녀 구별없이 이렇게 악전고투하고 있다는 것이다.

미세스 김은 눈 앞의 포토맥 강을 한강으로 생각하고 있었다. 15년 전에 남편과 사별하고 이 나라에 이민 온 50대의 그녀는 한국인 손님을 볼 때마다 반가와서 말을 건넨다. 서울의 동부이촌동에서 살다가 왔다는 그녀는 그 식당에서 내다 보이는 포토맥 강 건너편이 상도동 언덕같이 생겼고, 강변도로도 비슷하고 키브리지 교가 한강대교 같고 강 한가운데의 로즈벨트 섬이 여의도같이 보인다고 했지만, 내 눈에는 별로 닮은 데가 없었다. 우선 언덕의 스카이라인이 달랐다. 뾰족한 지붕의 조지타운 대학 건물도, 우람한 천주교 성당도 상도동 언덕 위엔 없다. 또 키브리지 교는 한강대교와는 비교가 안 될 만큼 교각이 높고, 로즈벨트 섬은 여의도와는 달리 숲이 우거진 공원이다. 다만 살얼음진 강과 그 위에서 노니는 많은 철새들만이 한강의 풍경과 흡사하였다.

10만 불 저축의 꿈이 이루어지는 날 귀국하여 일가친척이 있는 서울에서 살겠다는 그녀는 아마도 중년 이상의 대부분의 교포들의 심정을 대변하는 것이라고 할 수 있겠다. 이것은 귀소본능(歸巢本能)의 발로로서 매우 인간적이라고 할 수 있다. 그러나 그녀처럼 귀소하기 위한 수단으로 돈을 버는 데만 여념이 없다면 그것도 문제다. L.A.에 들렀을 때 한 교포로부터 들은 얘기다. 교포 S씨는 은행에서 융자를 받기 위해 인터뷰를 가졌는데, 미국인 융자 담당자는 S씨에게 "휴가를 일 년중 며칠이나 갖습니까?"라고 물었다는 것이다. S씨는 자랑스러운 듯이 "일 년에 하루도 쉬지 않고 연중무휴로 일합니다"라고 대답했다. 그랬더니 그 은행원이 얼굴색이 변하면서 "일 년에 하루도 쉬지 않고 몸을 혹사하니 당신은 언제 쓰러질지 모릅니다"라고 하며 융자를 거절했다는 것이다.

우리가 부지런히 일하는 것은 좋지만 일의 노예가 되어서는 안 될 것이다. 아무리 큰 목표를 위해 매진한다 하더라도 그 과정에서 삶 자체를 망각하는 어리석음을 범해서는 안 된다. 돈을 셈하는 데에서만 즐거움을 느끼고 삶 자체를 즐기지 못한다면 그것은 참으로 불행한 인생이다.

이제 우리는 1인당 GNP가 3천 달러를 넘을 만큼 생활수준이 향상되었다. 우리나라에서 수입한 국산 자동차들이 미국의 도시를 활주한다. 우리 산업경제는 선진국을 뒤쫓는 궤도에 올라섰다. 우리는 살기에만 급급한 생활태도를 고칠 때가 왔다. 물건의 생산에 있어서도 물량만을 앞세울 것이 아니라 정밀도와 질을 높이고 멋이 배이도록 해야 한다. 앞만 보고 달리지 말고 이따금 주위를 둘러보는 마음의 여유를 가져야 할 것이다. 목적을 위하여 자기 인생을 희생시켜서는 안 되기 때문이다.

우리의 삶은 어디서 왔다가 어디로 가는지 모르는 철새의 그것이나 다를 것이 없다. 그러므로 한세상 살다 가는 우리의 삶의 나날을 성급하게 좌충우돌하며 일을 위한 일만 하며 귀중한 인생을 낭비하지 말도록 힘쓰자.

요즘 우리 사회에 부쩍 늘어난 현상이지만, 며칠 전에도 '농성근로자 무차별 각목구타, 관리직 사원들이 덮쳐 10명 중경상, 강제해산 소식 들은 30대 경비원 격분자살'이란 제목의 신문기사가 난 것을 보았다. 폭력을 휘두르는 것도 나쁘지만 일시적인 감정에 못 이겨 아까운 생명을 스스로 끊어 버린다면 그 사람은 저승에 가서 후회할 것이 틀림없다. 또 자신의 취미나 재능을 살리는 문화생활은 뒷전에 두고 돈벌이만 계속하다가 골병이 들어 쓰러진다면 그런 사람 역시 저승에 가서 뒤늦게 뉘우칠 것이 뻔하다.

일벌레란 좋은 이미지만을 갖는 것은 아니다.

마침내 대지주가 된 농부

펄 벅의 《대지(大地)》의 주인공 왕룽의 헌신적인 아내 오란은 근검 절약을 몸소 실천한 한 본보기이다.

물론 이 작품은 중국이 배경이고 오란은 중국 여자이긴 하지만 펄 벅은 자기가 그린 인물은 '중국인'이 아니라 '인간'이라고 했고 더구나 여사의 전기를 쓴 씨오더 해리스는 "오란은 오래 전에 중국 북부에서 가난하게 살던 시절의 펄 벅 자신의 배경과 같다"라고 쓰고 있다.

토막집의 농부 왕룽은 황대인(黃大人) 집의 종인 오란을 데려다가 그의 아내로 삼았다. 그녀는 밭에 나가 괭이질을 하며 남편을 돕고 바구니를 들고 큰 길로 나가 밭에 줄 비료로 쓰기 위해 노새, 당나귀, 말들의 똥을 주워다가 마당에 쌓아올린다. 나뭇가지와 낙엽을 긁어모아 땔감으로 쓰고, 남편과 시아버지의 누더기 옷을 꺼내어 손수 물레질해서 빼낸 실로 헝겊을 대고 기워 겨울 옷을 장만하기도 한다. 결혼 첫해의 추수는 풍작이어서. 밀과 쌀을 팔아 한 줌의 은전을 받았다. 첫아기의 탄생이 임박했을 때 오란은 남편에게 몇 닢의 은전을 청한다. 아기가 태어나면 품에 안고 자신이 종살이하던 황대인 집에 인사하러 갈 때 아기에게 입힐 좋은 옷을 장만하기 위해서였다. 왕룽으로부터 은전 네 닢을 받은 오란은 생전 처음으로 만져 본다면서 감격하여 밖으로 나간다. 왕룽은 식탁에 혼자 앉아 생각한다.

그 은전은 그가 경작하는 땅, 온통 자신을 바쳤던 그 땅에서 생겨난 돈이었다. 그는 그 땅에서 생명을 받았으며, 땀 흘려 일해서 곡식을 얻었으며, 그 곡식을 팔아 은전을 장만했던 것이다.

그 전에는 누구에게 은전을 넘겨줄 때마다 마치 자기 생명의 한 조각을 떼내주는 것처럼 고통스러웠었다. 아무런 괴로움도 느끼지 않은 채 은전을 내놓아 보기는 이번이 생전 처음이었다.

그는 성 안 어느 알지 못하는 상인의 손으로 넘어가는 은전을 보는 것이 아니라, 은전이 그 자체의 값어치보다 더 귀중한 무엇으로 변하는 것을 눈앞에 그려 보았다.

—그의 첫아들이 입을 예쁜 옷으로 변한 것을! 그리고 묵묵히 일만 할 뿐, 아무것도 생각하지 않고 있는 것처럼 보이는 그의 아내가 그렇게 옷을 입은 아기를 자기보다도 먼저 생각하고 있었다는

것이 놀랍고 기특했다…….

그들은 아들을 낳았을 뿐만 아니라 근검절약하여 저축한 돈으로 황대인으로부터 비옥한 땅 한 뙈기를 샀다. 만반의 월동준비도 되어 있었다.

그들이 수확한 곡식의 대부분은 팔 것이었으나 왕룽은 값이 좋은 때를 기다리기 위해 그것을 팔지 않았다. 다른 마을 사람들처럼 노름을 위해 돈을 마구 쓰거나 맛나는 음식을 먹기 위해 돈을 낭비하는 일도 없었다.

그는 값이 가장 헐한 추수기에 잘 갈무리해 두었던 곡식을 눈이 내리기 시작하거나 성 안 사람들이 높은 값을 내고도 식량을 사기 원하는 설날 직전을 타서 내다 팔았다.

이런 식으로 해서 왕룽은 오란과 함께 부지런히 일하고 야무지게 저축한 돈으로 해마다 황대인의 비옥한 땅을 한 뙈기씩 사들이고 마침내는 가난한 농부였던 그가 대지주가 되고 성내의 황대인의 저택마저 차지하게 된다.

미국인의 근검절약 정신은 1620년에 '메이플라워' 호를 타고 신대륙에 상륙한 영국인 청교도들에게서 그 기원을 찾아볼 수 있다. 같은 배를 타고 온 1백 2명 중에서 추위와 굶주림으로 첫겨울을 넘기지 못하고 반수가 죽었다. 나머지 사람들은 생존을 위해 남녀 모두 온갖 위험을 무릅쓰고 개척과 농경에 힘썼다.

미국 역사책은 그들이 일상생활에서 근면과 절약을 동시에 실천했으며 실속을 앞세운 그러한 습성이 오늘의 위대한 미국을 건설한 원동력이 되었음을 기록하고 있다.

누구든지 가난에서 몸을 일으켜 역경을 딛고 근검절약하여 자기 힘으로 노력하여 부자가 되었을 때 미국인들은 그런 사람을 가리켜 '미국인의 꿈'을 실현했다고 한다. 그 위에 공익사업에 이바지하고 지역사회의 지도자가 되고 국가발전에 공훈을 세운 사람은 '위대한 미국인의 꿈'을 실현한 사람이 되는 것은 말할 것도 없다.

18세기 미국문학의 중요작품의 하나인 벤자민 프랭클린의 《자서전》은 바로 그러한 사람의 전기다.

프랭클린은 보스턴에서 아버지의 둘째 부인에게서 태어난 막내아들이었다. 열 일곱 명의 자녀를 먹여 살리기란 여간 어려운 일이 아니어서 자식들은 제대로 교육을 받지 못한 채 일찌감치 집을 나와 각자 자기의 생계를 꾸려 나가야만 했다.

벤자민도 국민학교 2학년까지만 다니고는 아버지 일을 도왔다. 열 살 먹은 어린 소년이었고 그는 초에 쓸 심지를 자르고, 초의 틀 속에 용액을 부어넣어 양초를 만들고, 가게를 보고, 심부름 다니고 하는 일에 종사하였다. 그러나 그는 책읽기를 좋아하여 조금이라도 돈만 생기면 책을 사 보았다. 책을 깨끗이 보고 그것을 되팔아서는 돈을 보태어 다른 책을 사곤 했다. 한번은 다른 어린애들이 행상으로부터 호루라기를 사서 삑삑 부는 것이 너무 부러워서 그도 하나 사서 불었으나 몇 번 불기도 전에 망가져 버렸다. 벤은 그것을 산 돈이 아까워 "나는 호루라기를 너무 비싸게 샀다"고 크게 뉘우쳤고, 그 후 그는 절대로 돈을 낭비하는 일이 없었다.

  12세 때 벤은 아버지 집을 나와 형이 경영하는 인쇄소에 견습공으로 고용되었다. 그는 매우 영리했으므로 몇 해 안가서 인쇄업을 훤히 익히고 17세에 단신으로 필라델피아로 떠나 그 도시의 인쇄소에서 일하다가 5년 후엔 그 동안 애써 모은 돈으로 동업자와 공동으로 투자하여 인쇄소를 사서 직접 경영하였다. 동업자는 게으르고 술을 잘 했으므로 얼마 안가서 그 인쇄소는 부지런하고 머리 좋은 벤이 독차지하게 되었다. 이것이 그후 그의 재정적 도약의 발판이 되었던 것이다.

  그 동안에도 그는 틈만 있으면 책을 읽었고 교양강좌에 빠지지 않고 참여했으므로 청교도적인 자기수련을 위해 13가지 항목을 도표로 만들어 매일같이 그 실천 여부를 체크했다. 그 중엔 다음의 두 항목이 나란히 들어 있다.

검약 — 네 자신이나 남에게 이익이 되는 일 이외엔 돈을 쓰지 말라. 즉, 낭비하지 말라.

근면 — 시간을 허비하지 말라. 항상 유익한 일에 종사하고 있으라. 불필요한 일은 일체 배제하라.

위의 두 사례는 낭비 없는 근검절약이 축재의 제1조임을 보여주고 있지만 그러나 그 작품들을 더 주의 깊게 읽어보면 주인공들이 부자가 된 배후엔 행운도 큰 역할을 했음을 알 수 있다. 영어의 '재산(fortune)'이란 낱말엔 '행운'이란 뜻도 있는데 이것은 의미 심장하다. 그러나 행운은 신의 섭리와도 같아 우리의 마음대로 되는 것이 아니므로 우리는 최선을 다하고 천명을 기다리는 수밖에 없다. 그래서 나는 진인사대천명(盡人事待天命)이란 말을 좋아한다.

동서의 속담

우리 속담 "낮말은 새가 듣고 밤말은 쥐가 듣는다"를 영어 속담에선 "벽에도 귀가 있다(Walls have ears)"라고 하고, "원숭이도 나무에서 떨어진다"를 "호머도 깜빡 조는 때가 있다(Even Homer sometimes nods)"라고 하여, 같은 뜻을 말하는 속담이 동서양에서 서로 다른 비유로 표현되고 있음을 흔히 본다. 이것은 지역문화의 차이를 넘어서는 인간의 경험과 사고의 공통성을 웅변으로 말해 주는 것이다.

속담은 인간의 되풀이된 경험과 그 결과에 대한 관찰의 압축된 한마디 말이며, 그것이 보편적인 진리로서 호소력이 있을 뿐만 아니라 이미저리가 풍부하고 재치있는 비유가 많기 때문에, 널리 애송되는 일행시(一行詩)라고도 할 수 있다. 그런 의미에서 속담은 가장 짧은 형태의 문학작품이다.

그러나 시에는 작가의 이름이 있는 것이 보통이지만 속담은 작가미

상일 뿐만 아니라 연대도 미상이다. 하나의 속담으로 전파될 지혜로운 말을 맨 처음 발설한 사람은, 그 작자가 알려진 금언(金言)의 경우와는 달리 무명의 현인이었다. 그리스어로 속담을 '길가에서(paroimia) 한 말'이라고 하는 것을 보더라도 길가에서 어떤 현인이 한 짤막한 말이 하도 재치있고 이치에 맞기에 입에서 입을 타고 사방팔방으로 흩어져 나갔고 후손들에게 까지 전수되었다.

이집트어, 중국어, 그리스어, 라틴어로 기록된 옛 문서에 속담 인용이 수없이 발견되며 그 중에서도 히브리 인들은 그들의 속담들을 모아 잠언집(Book of Proverbs)으로 성경 속에 포함시켰다. 그런데 이 잠언들은 모두가 교훈조로 되어 있는 것이 특징이다. 또 당연히 종교적 색채가 농후하다. 다음은 그 예다.

하느님을 두려워하며 섬기는 것이 지식의 근원이다.
Reverence of the Lord is the beginning of knowledge.

어리석은 자는 교육을 받아 지혜로와지는 것을 멸시한다.
Foolish men despise wisdom and instruction.

네 우물의 물을 마셔라. 네 샘에서 솟는 물을 마셔라.
Drink water from your own cistern, running water out of your own well.

18세기 미국의 벤자민 프랭클린(Benjamin Franklin)은 근검절약, 자력갱생을 권장하는 속담들을 모아 살을 붙여서 편집해 내어 당대의 장기 베스트셀러로 만들었다.

"잠자는 여우는 닭을 못 잡는다(The sleeping fox catches no poultry)", "근면은 행운의 어머니다(Diligence is the mother of good luck)", 그리고 조금 긴 것으로 "인생을 사랑하는가? 그렇다면 시간을 낭비하지 말라. 인생은 시간으로 되어 있기 때문이다(Dost thou love life? Then do not squander time. Life is made of time)" 등이 그 예인데, 마지막 것은 프랭클린이 만들어낸 잠언 같기도 하다.

속담이 아니라도 무릇 지혜로운 말들은 동서고금을 막론하고 같은 줄기로 흐르는 물에 비길 수 있을 것이다. 바로 성현들의 말이 그러하다. 예수가 "너희는 남에게서 바라는 대로 남에게 해주라(Do to others as you would be done by)"라고 가르쳤는데, 이 이른바 '황금률(the Golden Rule)'은 그보다 몇백 년 전에 "자기가 원하지 않는 것을 타인에게 행하지 말라(己所不欲勿施於人)"고 가르친 공자의 말을 바꾸어 한 말이다. 같은 동전의 앞면과 뒷면에 새겨진 표시에 비유할 수 있을 것이다. 그러나 같은 내용이면서도 양자 사이에 동양인과 서양인의 정신문화적 차이가 투영되어 있음을 간과할 수 없다.

우리 속담 "사공이 많으면 배가 산으로 올라간다"는, 영국 속담

"요리사가 너무 많으면 고깃국을 망친다(Too many cooks spoils the broth)"와 뜻이 같고 그것은 또 미국 속담 "추장이 너무 많고 부하 인디언이 너무 적다(Too many chiefs and not enough Indians)"와도 유사하다. "산에 가야 호랑이를 잡는다"라는 우리 속담은 "계란을 깨지 않고서는 오믈렛을 못 만든다(You can't make an omelette without breaking eggs)"라는 미국 속담과 동의어라고 할 수 있다.

이런 예에서 눈에 띄는 것은 'broth'니 'Indian'이니 'omelette'이니 하는 낱말에서 서양문화가 드러나는 한편, 호돌이가 '88서울 올림픽의 마스코트가 되었을 만큼 호랑이가 우리 문화와 인연이 깊다는 것이다. 이기문 교수의 《우리 속담 사전》을 보면 토속적인 냄새가 물씬 풍기는 것들이 대다수인데 그것들을 외국어로 직역하면 외국인은 고개를 갸우뚱하는 사례가 많을 것이다. "수염이 석 자라도 먹어야 양반"이니, "얌전한 강아지가 부뚜막에 먼저 올라간다"느니 하는 따위의 속담은 우리의 문화적 배경에 대한 지식을 갖춘 외국인만이 충분히 이해할 수 있을 것이다. 이것은 외국인이 그들과 풍습이 다른 우리나라의 문학작품의 번역판을 충분히 이해하면서 읽기 어려운 경우와 마찬가지다.

그러나 다행히도 동서간 혹은 국가간의 문화차의 장벽이 높지 않아 금방 이해될 수 있는 속담들이 훨씬 더 많다. 예컨대 "사공이 많으면 배가 산으로 올라간다"의 뜻을 소련에서는 "유모가 일곱 명이면 아이가 눈이 먼다(With seven nurses, the child goes blind)"라는 속담으로 표현하고, 이탈리아에서는 "너무 많은 수탉이 울면 해가 떠오르지 않는다(With too many roosters crowing, the sun never comes up)"라는 속담으로 통한다. 우리 속담 "호랑이가 없는 곳에선 토끼가 왕이다"라는 라틴어 속담에선 "장님의 나라에서는 애꾸눈이 왕이다(In the land of the blind a one-eyed man is king)"가 되고, 우리의 "글 못 쓰는 사람 붓타령한다"를 영국에서는 "서툰 목수가 연장 탓한다(A poor carpenter complains of his tools)"로 둔갑한다. 또 하나의 예로 "로마에 있을 때엔 로마인처럼 행동하라 (When in Rome, do what Romans do)"라는 영어 속담에 해당되는 러시아 속담이 있는데 그것은 "이리떼하고 같이 살 때엔 이리처럼 포효하라(When living with wolves, howl like a wolf)"인데 이런 것들은 문화의 차이를 넘어 어디서고 금방 이해될 수 있을 뿐만 아니라 이국정취가 있어서 흥미롭다.

지난 올림픽 기간에 사람들이 흔히 입에 담은 속담들이 있었다. "지성이면 감천이다" "못된 송아지 엉덩이에서 뿔 난다" "쥐구멍에도 볕들 날이 있다" "어물전 망신은 꼴뚜기가 시킨다" 등이었다. 첫째 것의 영어 속담은 "하늘은 스스로 돕는 자를 돕는다(Heaven helps those who help themselves)"고, 두 번째에 상응하는 영어 속담은 "깡마른 잡초가 고개를 더 높이 쳐든다(A lean weed lifts its head higher)"다. 세 번째에 해당되는 것은 "개에게도 제철이 있다(Every dog has his day)"인데, 나머지 것에 해당되는 서양 속담은 외국 속담사전에서도 찾아볼 수 없었다. 아마도 우리 속담이 외국 속담보다 더 다양함을 반증하고 있는지도 모른다.

번역유감

며칠 전 한국에 갓 온 미국인과 광화문의 모 커피숍에서 만났다. 커피를 기다리는 동안 그는 나에게 말을 건넸다.

"희 대통령의 시해사건은 참으로 충격적입니다."

나는 그가 한국인 이름의 끝자를 성으로 오인한 것을 시정해 주었다.

이윽고 웨이터가 커피잔을 놓고 가자 그 미국인은 그 잔을 들여다 보면서 얼굴을 찡그렸다.

나는 때없이 파리라도 빠졌나 하고 "왜 그러시오?" 하고 물었다.

그러자 그는 정색을 하고 말했다. "이 커피 좀 보시오. 3분의 2밖에 안되지 않소? 미국에서 이렇게 했다면 나는 고함을 질렀을 거요. 당신도 아시다시피 우리 미국인은 커피를 좋아하죠. 그리고 거기서는 커피를 가득가득 부어주죠."

나는 한국의 커피숍은 커피를 마시는 곳이라기보다는 약속한 사람들끼리 만나서 이야기를 주로 하는 곳이라고 설명했다. 그리고 우리도 맥주는 잔에 가득히 붓지만 차나 커피는 잔의 가장자리가 약간 보일 정도로 따르는 것이 세련되어 보인다고 했다.

이것은 내가 우리나라 사정에 어두운 외국인과 벌인 한 토막의 희극적인 장면이라고 웃어넘길 수도 있겠지만, 반드시 그렇게만 볼 것도 아닌 것 같다. 이는 다른 나라의 문화에 대해 무심한 데서 나온 자그마한 오해라고도 할 수 있겠지만 만약 이런 오해가 한 잔의 커피에 대해서가 아니라 큰 문제를 사이에 두고 일어난다면 중대한 사태를 야기할 수도 있는 것이다. 박동선(朴東宣) 사건이 바로 그러한 예이며 테헤란 주재 미대사관 인질사건도 또한 그런 예의 하나다.

나는 그 미국인이 한국에 오기 전에 한국소설의 영역본(英譯本)을 단 한 권만이라도 읽었었더라면 그런 무식을 폭로하지도 않았을 것이고 얼굴을 찡그리지도 않았으리라고 생각한다. 외국문학을 원서로든 번역본으로든 읽으면서 그 나라 사람들과 문화에 대해 이해를 하게 되고 나아가서는 자기도 모르는 사이에 어느 정도 애착심을 갖게 되는 법이다.

폴 앵글이란 저명한 미국인 노교수가 있다. 약 사십 년 전에 미국의 아이오와 대학에 문예창작과를 창설하여 수많은 시인 작가를 배출시킨 그는 그의 헌신적인 모금에 의한 기금을 가지고 그곳에서 국제작가 워크숍을 창립하고 작가들의 국제교류를 크게 촉진시켰다. 그 공로로 그는 지난해 노벨 평화상 수상 후보에까지 올랐었다. 그는 그 워크숍 개관식에서 외국문학의 번역 소개의 중요성을 강조하면서 "번역을 하라, 아니면 죽는다"라고 주장했던 것으로도 유명하다. 이 말은 얼핏 극단적으로 들리고 설마 번역을 안 한다고 죽기까지야 하겠느냐, 반문할지 모른다. 그러나 다시 생각해 보면 백 번 옳은 말임을 깨달을 수 있다. 자기 나라 문학밖에 모른다면 우물 안의 개구리가 된다. 19세기 영국의 시인이자 비평가인 매슈 아널드는 세계적으로 알려진 최고의 사상이 담긴 작품을 많이 읽어야 한다고 강조했다.

자기 나라의 문화적인 울타리를 넘어서지 못한다면 누구나 편협과 독선을 벗어날 수 없고 결국은 낙후를 면치 못하게 되며 오늘날같이 경쟁이 치열한 세계에서는 그것은 죽음과 다를 것이 없는 것이다. 세계 최고의 것을 섭취하여 자기 나라 최고의 것과 융합시킬 때 비로소 세계문학 속에 한몫 끼일 수 있는 우수한 문학이 산출된다.

이웃 일본은 일찍부터 외국의 고전적인 작품들을 모조리 번역하여 소화시킴으로써 문학적인 체질개선에 성공했다. 만약 그러한 과정이 없었더라면 그들의 문학은 이를테면 근친상간만 계속하여 오늘에도 명치시대(明治時代) 초기 문학의 낮은 수준에서 답보상태에 있을지도 모를 일이다.

  우리 나라에서도 뒤늦게 출발하기는 했어도 외국작품의 번역은 자못 활발하다. 그 대표적인 예로서 세계문학전집이 여러 출판사에서 나왔다. 그중에서도 지난해 총 백 권을 완간한 S출판사의 것은 세계 수준에 육박하는 것이라고 본다. 이것은 또 한편으로는 우리나라의 창작문화의 수준 역시 상당한 상승세를 보이고 있다는 것을 반증하는 것이다. 그런데 세계문학전집이나 유명작가의 선집(選集) 따위를 낼 때면 출판사측에서도 그들의 명예에 관계되는 것이기 때문에 신중을 기하기 위해서 편집위원회로 하여금 역자를 엄선케 한다. 그 작품에 조예가 깊고 또 필력도 함께 갖춘 역자를 선정하는 것이다. 역자 측에서도 그 번역을 자신의 업적으로 남기겠다는 열의를 갖고 최선을 다하게 되면 그러한 노력의 소산은 바로 훌륭한 번역작품이 되는 것이다. 그러나 출판사가 후세에 남길 만한 작품이 아닌 외국소설을 우리말로 번역 출간하려 할 때는 지나친 상업주의적 계산으로 헐값으로 급히 번역원고를 받아내기 위해 아무에게나 청탁하는 경향이 있다. 그 결과 오역투성이의 무책임한 역서가 양산되는 것이다.

  그런 역자는 "그녀는 성호를 그었다(She crossed herself.)"를 "그녀는 길을 가로질러 갔다"로, "그는 파티를 열었다(He threw a party.)"를 "그는 파티를 박차고 나갔다"로, "그들은 요령을 터득했다

(They learned the ropes.)"를 "그들은 밧줄에 대해 배웠다"로 엉뚱하게 옮겨 놓고도 눈 하나 깜박하지 않는다. 그도 그럴 것이 자기가 한 오역을 정역(正譯)으로 생각하기 때문이다. 뿐만 아니라 대개는 직역하기가 일쑤여서 "나는 나의 입으로 먹는다" "할머니는 그녀가 만든 그 케이크를 그녀의 손자들에게 나누어 주었다" 등으로 쓴다. 또 주어나 관사를 하나도 빼놓지 않고 수동태나 의인법도 무조건 그대로 옮긴다. 긴 복문(複文)을 적당히 끊어서 새기지도 않는다. 그러한 번역체는 독자에게 저항감을 주는 것이 당연하다.

지난해 11월에 《한국일보》에 연재된 《출판—오늘의 상황》시리즈에서 〈원서보다 어려운 번역서〉라는 제목의 기사는 현재 우리 나라 번역계가 안고 있는 바로 그러한 문제점을 다루고 있었다. 그 기사는 주로 학술서적의 번역을 도마에 올려놓고 역자 자신도 소화시키지 못한 원문을 가지고 직역을 시도한 데다가 역어마저 부적당한 것이 많은 탓으로 원문보다도 읽기 힘들어서 독자는 그 역서를 팽개치고 만다는 내용이었다. 그 기사는 이어서 다음과 같이 쓰고 있다.

국내 번역물의 수준이 낮은 것은 번역물에 대한 인식이 부족한 데 있다. 일반 독자들은 말할 것도 없고 상당수의 출판인들도 번역은 대학만 나오면 그런대로 해낼 수 있는 것으로 생각하고 있다. 물론 이것은 큰 착각이다. 번역은 영문해석 답안지를 쓰듯 단어를 우리말로 옮겨놓는 것으로 끝나는 것이 아니라 외국의 사유(思惟)와 관념까지 우리 것으로 바꿔야 하는 것이다. 물리적 변화가 아니라 화학적 변화를 시켜야 하는 것이다.

'화학적 변화'라는 표현은 약간 무리가 있다. 그것은 원문의 본질까지도 변하는 것 같은 인상을 주기 때문이다. 그러나 그 외의 관찰과 주장은 정곡을 찌른 것이라고 하겠다.

우리말과 영어처럼 어순과 구문 그리고 관용어까지 현격하게 다르고, 일견 뜻이 맞먹는 단어가 실제에 있어서는 내포한 뜻을 달리하는 경우가 너무나 많은 두 언어 사이의 올바른 번역은 같은 어족(語族)에 속하는 두 언어를 두고 하는 번역보다 당연히 몇 갑절 힘들고 따라서 몇 갑절의 수련과 연공(年功)을 요한다. 한편 외국어가 몸에 밴 사람도 오히려 그것 때문에 이중언어 사용자가 겪는 심리적인 '방해'로 인하여 순수한 우리말로 잘 옮기지 못하는 경우가 많다.

숙련된 번역가는 그러한 방해를 극복할 수 있으며 우리말의 구사에도 작가들 못지 않게 능숙하다. 그는 원문의 내용의 에센스를 충분히 전달하면서 될수록 완전한 우리말로 표현할 수 있는 것이다. 대중소설의 번역은 고전작품의 번역보다 의역의 필요성이 더한층 절실하다. 고

전작품은 대개 지식층이 읽기 때문에 약간 번역 냄새가 나도 이해에 별반 지장이 없고 원문의 표현 형식에까지 충실하기 위해선 직역과 의역을 절충한 중간노선을 취해야 한다고 주장할 수도 있겠지만, 대중소설은 문학을 전공하는 사람이 아니더라도 쉽게 읽을 수 있어야 하므로 부자연스러운 직역은 금물이다.

  끝으로 직역과 의역의 차이를 보여주는 예를 필자가 최근에 번역한 아이작 싱거의 신작《쇼샤》에서 몇 가지 들어보면 다음과 같다.

    피로는 그의 휴식을 요구했다→피로해서 푹 쉬어야 했다.
    갑작스런 소나기가 그의 발길을 멈추게 했다→갑자기 소나기가 와서 더 갈 수 없었다.
    나는 당신의 신부인 쇼샤까지 만나보는 영광을 가졌는 걸요→나는 영광스럽게도 당신의 신부 쇼샤까지 만나본 걸요.
    그들은 스스로 무식을 탄로시키면서도 유대 문학에 대해서 이야기 했다→그들의 이야기가 자신들의 무식을 드러내는 것도 모르고 문학에 대해 떠들어댔다.
    그는 나에게 글을 써서 생계비를 벌 전망에 대해서 물었다→그는 편지에서 생계비를 벌 나의 전망이 어떠냐고 물었다.

틀린 직역과 맞는 의역

 지난 주 필자는 H대학에서 〈영미문학의 흐름〉이란 제목으로 초청 강연을 했는데 질문응답 시간에 우리나라에서의 영미문학 작품의 번역문제가 거론되었다. 번역서가 50권이 넘고 번역상을 여러 차례 받았다고 소개한 때문이기도 했다. 외국어 중에서 가장 널리 전파되고 외국문학 중에서 가장 많이 연구되고 읽혀온 것이 영어와 영미문학인데 아직도 제목을 오역한 번역작품들이 수십 년 동안 무비판적으로 그대로 사용되고 있다는 사실이 지적되었다. 그리고 그 대표적인 예로 도마에 오른 것이 세계 명작의 하나로 꼽히는 나다니엘 호손의 《주홍 글자》였다.

 원제가 《*The Scarlet Letter*》인데 'scarlet'는 어느 영한사전을 보아도 알 수 있듯이 '진홍빛'이지 '주홍빛'이 아니다. 또 'letter'는 '글자'이지 '글씨'가 아니다. 국어사전에도 '주홍(朱紅)'은 누른빛과 붉은빛의 중간 빛으로 되어 있어 scarlet와는 그 빛깔이 다르다. 게다가 'scarlet woman(진홍색의 여자)'라고 하면 창녀를 뜻하는 것에서 보는 것처럼 이 빛깔은 성도덕에서 일탈한 것을 상징하기도 하므로 그것은 간통을 저지른 이 소설 여주인공과 관계가 있고 따라서 이 빛깔은 이 작품의 예술성에도 이바지하고 있다. 그러므로 scarlet를 주홍이라고 번역하면 원어가 갖는 강한 색의 이미지를 잃을 뿐만 아니라 그 상징성도 못 살리는 이중의 오류를 범하게 된다.

다음으로, '글씨'란 일반적으로 예쁜 글씨, 조잡한 글씨, 혹은 한석봉의 글씨라고 하듯이 글자의 태(態)를 말하며, 한영사전에도 letter가 아닌 penmanship으로 영역(英譯)되어 있다. 글씨에 빛깔이 있을 수가 없는데도, 일반 독자들은 의아하게 생각하면서도 아마 소설의 원제목이 그런가보다 하고 그대로 받아들여 온 것이다.

참고로, 이 미국소설의 제목의 연유를 밝히기 위해서 문제의 진홍색 글자가 처음 소개될 때까지의 줄거리를 간단히 더듬어보자.

17세기 중반, 식민지 시대 뉴잉글랜드의 수도 보스턴에 헤스터 프린이란 젊은 여자가 살았다. 그녀는 2년 전에 영국에서 남편보다 한발 앞서 대서양을 건너온 미모의 정열적인 여인이었다. 사랑없이 결혼한 늙고 못생긴 남편이 예정대로 도착하지 않고 소식마저 끊어진 가운데 그녀는 그녀가 다니는 교회의 독신 목사인 아더 딤즈데일과 은밀한 관계를 맺고 사생아까지 낳았다. 준엄한 청교도 사회에 의해 헤스터는 간통죄로 기소되어 감옥에 갇혔다가 어느 날 시민이 운집한 광장 앞에 끌려 나와 딸 펄을 안은 채 단죄대에 올라선다. 그녀의 저고리 앞가슴에 진홍빛의 큼직한 A자가 붙어 있어 모든 사람들의 눈길을 끌었다. 그녀는 간통 상대자의 이름을 대라는 직권자들의 요구에 응하지 않았고 때마침 군중 속에 나타난 그녀의 본남편 칠링워스와 눈이 마주친다. 간통죄엔 으레 사형을 선고했으나 그녀의 경우엔 남편이 탄 배가 바다를 건너다가 난파했다는 소문이 있었음을 감안하여 극형을 면하게 했다. 그 대신 그녀는 출옥한 후에도 종신토록 간음녀라는 수치스러운 표시의 낙인이 찍힌 옷을 입고 다녀야 하는 형벌의 언도를 받았다. 즉 그 표시가 그날 헤스터가 앞가슴에 달고 나와 처음으로 군중에게 선보이고 야유와 욕설을 받은, A라는 진홍색 글자였던 것이다. 그것은 간음녀(Adulteress)의 머리글자였다.

"모든 군중의 눈을 끈 것은…… 그녀의 앞가슴에 수놓인, 빛을 발하는 그 진홍색 글자였다"라고 호손은 쓰고 있다. 이처럼 원문에 엄연히 진홍 글자로 되어 있는데 역자가 그것을 주홍 글씨로 옮긴 이유는 무엇인가? 혹시 이 책을 처음 번역할 당시엔 진홍과 주홍이 구분되지 않았던 것일까? 어쨌든 해방 후 이 책이 처음 우리말로 번역되었을 때 그 제목으로 출판된 후로 오랫동안 다른 역자들도 그 제목으로 그대로 따랐으므로 일반 독자들은 으레 그것이 맞는 줄만 알아왔던 것이다. 이를테면 오역된 책이름이 독서계에 뿌리박히게 된 것이다.

그러나 그렇게 그릇된 지식이 언제까지나 그대로 남아 있기엔 그 동안 우리 국민의 영어 지식 수준이 너무나 향상되었다. 필자가 알기로는 서울대 김종운 교수가 1975년에 삼중당 문고판에 낸 역본에서 처음으로 '주홍 글자'로 게재하였다. 그리고 필자도 기회 있을 때마다 그 제목의 번역을 바로 잡아왔고, 최근엔 텔레비전의 〈명작의 고향〉 프로에서 이 작품에 대한 예고에 여전히 '글씨'로 나오기에 방송국 제작과에 말하여 고치게 하여 우리나라 방영사상 처음으로 '주홍 글자'로 바꾸어 크게 화면을 채웠고 리포터도 되풀이해 그렇게 불렀다. 이제 이 중요한 오역이 서서히 뿌리 뽑히고 그 자리에 새로운 묘목이 자랄 것으로 예견되지만, 이처럼 오역된 두 낱말 중 하나만 바로잡는 데도 40년의 긴 세월이 걸렸으니 그것이 다시 '진홍 글자'로 완전히 바로 잡히려면 앞으로 몇 년이 걸릴지 알 수 없다.

물론 문학작품의 번역에서는 직역보다는 의역이 바람직할 때가 많기 때문에 제목의 번역에 있어서도 직역을 고집할 필요는 없다. 직역함으로써 원제가 갖는 의미와 힘이 많이 상실될 수도 있기 때문이다. 서구어와 우리말은 역사와 문화가 판이하게 다른 관계로, 양 언어 사이에서 명시적 의미가 같은 어휘라 할지라도 함축된 의미까지 일치하지 않는 경우가 허다하다. 1963년에 필자는 펄 벅이 쓴 한국 배경의 역사소설 《The Living Reed》를 번역했는데, 그 원제를 '살아 있는 갈대'로 직역하지 않고 '갈대는 바람에 시달려도'라고 대담하게 의역했었다. 그 당시 그 제목이 원어에 충실하지 않다는 비판을 받기도 했지만 우리나라 독자에 대한 공감적인 호소력으로나 주제의 표현력으로 보아 이쪽이 훨씬 낫다는 평을 더 많이 받았었다. 그 책이 당시 전국에서 비상한 관심 속에 날개 돋친 듯 팔리고 있을 때 내한한 원작자 펄 벅 여사도 그 우리말 제목에 만족을 표명했었다.

또 최근에 번역되어 나온 윌리엄 케네디 작, 장영희 역 《억새 인간》은 원제가 《Ironweed》인데, 그것은 우리나라엔 없는 풀 이름이기 때문에 그것과 비슷한 풀 이름에다가 주제를 결부시켜 '억새 인간'으로 제목을 붙인 것이다. 이런 경우엔 제목의 의역이 거의 불가피하다. 이렇게 보면 오역은 어디까지나 오역으로서 변명할 여지가 없지만 의역은 경우에 따라서 오히려 장려할 만한 것이다. 문학작품 제목의 의역은 특히 독일에서 성행하고 있다고 한다. 그 예로 도스토예프스키의 《죄와 벌》이 독일인 사이에서는 〈범죄와 죄악(Schuld und Sühne)〉이라는 제목으로 통하고 있고, 영국의 존 르 카레의 스파이 소설 《땜쟁이, 재봉사, 군인》은 독일어로 〈여왕, 왕, 에이스〉로 번역되어 나왔다고 한다. 그 이유는 간단하여, 의역된 제목이 원제목에 못지 않게 주제를 잘 반영할 뿐만 아니라 독자에 대한 공감적 호소력이 더 강하다는 것이다. 독일인은 '범죄와 죄악'이란 말로 짝지어서 쓰기를 좋아한다는 것이며, 또 영국에서 '땜쟁이, 재봉사, 군인'은 트럼프 카드 이름을 순서에 따라 부르는 말로 그것에 해당하는 독일어는 '여왕, 왕, 에이스'라는 것이다.

 제목을 의역함으로써 직역보다 더 나은 효과를 거둔 예는 헤아릴 수 없이 많지만 때로는 원제와 거리가 멀 뿐만 아니라 주제와도 아무런 관계가 없는 우리말 제목을 붙인 번역 작품도 눈에 뜨인다. 헨리 제임스의 《워싱턴 광장》이 둔갑하여 《사랑아, 나는 통곡한다》가 되어 책방에 버젓이 꽂혀 있는 것이 그 예다. 이 경우엔 원제를 직역하는 것이 다른 어떤 의역보다도 나을 성싶은데, 왜 그런 뚱딴지 같은 제목을 붙였는지? 물론 그런 신파조의 제목으로 독자의 눈을 끌어 판매부수를 올리려는 의도에서였겠지만, 원래 이 작품은 신파조의 작품이 아니려니와 책 전체를 통하여 통곡은 고사하고 흐느끼는 장면조차 없다. 이렇게 되면 이것은 역자의 의도적인 오역이 되어 "역자여, 나는 통곡한다"라는 비판을 들을 만도 하다.

3

문학의 오솔길을 걷다

자유분방하고 예리한 지성, 헨리 밀러

1975년 8월 14일, 필자는 L.A.에 있는 《한국일보》 지국에서 그리 멀지 않은 퍼시픽 팰리세이즈에 사는 헨리 밀러에게 면담을 요청하는 전화를 걸었다. 그는 《북회귀선(*Tropic of Cancer*)》을 필두로 수많은 작품에서 미국 서부에서 단연 첫째로 손꼽힐 뿐만 아니라 세계적인 명성을 갖고 있는 작가였다. 좀처럼 만나주지 않는다는 그를 비교적 쉽게 만날 수 있었던 것은 필자가 그의 작품의 번역자라는 것 때문이었겠지만 전화할 때 그 신문사에서 근무하는 필자의 옛 제자인 여기자가 그녀의 미성(美聲)으로 필자를 소개해 준 덕도 있지 않았나 한다.

큰 길가에 자리잡은 그의 아담한 흰색 2층집을 찾아간 필자는 수행한 여기자 임갑손과 함께 거실로 안내되었다. 밀러는 사진에서 본 대로의 얼굴이었으나 예상보다 작은 키에 파자마를 걸치고 있었다. '놀라운 만남'이라면서 우리에게 의자를 권하고 침대에 걸터앉은 그는 동맥수술을 받은 지 한 달 밖에 안되었다고 했고 아직껏 왼쪽 눈이 반쯤 감기어 있었다.

밀러는 필자로부터 그의 장편 《섹서스(*Sexus*)》의 한글 번역판과 인삼주 한 병을 받고 매우 신기해 했으며 자신의 작품의 세계 각국어 번역본만을 꽂아놓은 그의 서가에 한국어판이 처음 꽂히게 되었다고 좋아했다. 그는 필자의 신상에 대한 이런저런 질문을 했고 필자가 하버드 대학에 1년간 연구차 가는 길이라고 하자 흥미를 보이며 또 한국에는 대학이 몇이나 있느냐고 묻기도 했다.

밀러는 격식을 차리지 않고 처음 만난 사람에게도 십년지기(十年知 리) 같은 친근감을 주었다. 다정하고 소탈한 그의 첫인상은 그의 수필 집 《정감의 지혜》 속에서 "마음을 편히 갖는 것이 삶의 지혜의 첫걸음이다"라고 한 그의 말을 생각나게 했다. 그에겐 자녀가 셋 있었고, 여러 해 동안 샌프란시스코와 L.A. 중간에 위치한 빅서에서 살다가 맏딸 발렌타인이 이혼하자 집을 그녀에게 맡기고 둘째딸 바바라와 아들 토니의 권고로 L.A.에 왔으나 큰 도시가 싫어 좀 떨어진 이곳 바닷가 마을에서 살고 있다는 것이었다. 그가 다섯 번째 결혼한 일본 여자 호키도쿠다와는 별거중이라고 했다. 12년 전에 만나 그의 정부(情婦)가 된 꽤 유명한 여류작가 애니스 닌이 한 달 전에 다녀갔다면서 그녀는 개성이 강하고 기분파며 두뇌가 예민하고 강한 의지력을 가진 이른바 해방여성으로서, 최근에 암에 걸렸다 회복했는데 나이가 칠순이라고 했다.

밀러는 위층을 가리키며 한동안 거기서 안○○라는 한국 여자 피아니스트가 루마니아인 남자와 동거하다가 나갔다고 했고, 그 말에 미소짓는 여기자에게 한국 여자는 잘 웃는다고 했다. 서양 여자들은 그런 자연스러운 웃음을 잃은 지 오래라고 덧붙였다. 그는 한국인은 일반적으로 감정에 움직이기 쉬운 정서적인 국민으로 알고 있다고 했고, 또 "한국인은 개인주의적이고 성급하며 폭탄처럼 폭발할 수 있다"고 말하는 등, 천재적인 작가답게 섬뜩할 만큼의 통찰력을 과시했다.

이 밖에도 한 시간 반에 걸쳐 여러 화제를 놓고 종횡무진으로 기탄없이 자신의 의견을 피력했다. 그 중 기억에 남는 것을 발췌해 보면 다음과 같다.

"큰 나라보다는 작은 나라에 태어나는 것이 좋다. 아이슬란드는 국토가 작고 인구도 적지만 온천이 많고 살기 편하며 국민들은 지식수준이 높고 책을 많이 읽는다."

"이데올로기나 원칙을 앞세우는 사람은 괴물이다. 사람은 모름지기 자연감정에 따라 자유롭게 자기 멋대로 살아야 한다. 책과 예술을 좋아하고 개성을 잘 살리는 보통사람이 최고다."

"미국은 정신적으로 신체적으로 병들었다. 신기루 위에 선 나라다.

기계문명의 진보와 능률주의는 도덕적으로 나쁘며 세계를 타락(corrupt)시키고 있다."

"미국 정부는 내 책들을 외설이라고 판매를 금지했다가 10년 내지 20년 후에야 해제했다. 오히려 프랑스, 불가리아, 유고슬라비아 같은 외국에서 자유로 번역 출판되어 나는 불화(弗貨)로 인세를 받을 수 있었다. 나는 내 책이 특히 러시아어와 중국어와 아랍어로 번역되기를 희망한다. 중국에서 현대미술을 허용하지 않는 것은 유감이다. 결과적으로 그들은 현대미술에 대해서 무식하며 또 문학작품도 직업적인 작가의 창의력을 발휘하지 못한 것들만 산출하고 있다."

"나의 책은 미국에선 높은 지식층과 하층에서만 읽히고 프랑스에서는 모든 계층에서 읽히고 있다."

"일본 남자는 오만불손하고 침략적이고 위선적이고 게다가 편견이 많다. 이에 반해 일본 여자는 우아하고 헌신적이고 충실하고 심미적이고 남자를 행복하게 해주는 방법을 알고 있다. 어떤 일본 여자가 결혼하려는 조카에게 유서를 보냈는데 그 내용은 '항상 몸단장을 잘 하고 남편을 칭찬하고 아름답게 보살펴라. 그러면 그는 너를 왕비처럼 대해줄 것이다'라는 것이었다. 과연 일본 여자는 신비롭다."

"유니섹스(unisex)란 말만 들어도 나는 기절초풍한다. 남성이 여성처럼 되고 여성이 남성처럼 되어 모두가 남자도 여자도 아닌 어중간한 성이 되어 버린다는 것은 천륜에 어긋난다. 그런 운동은 남성을 약화시키고 여성을 꼴사납게 만들 뿐이다. 여성해방운동은 여자가 남자의 노예가 되어서는 안 된다는 이념 위에 선 것이며 나는 이에 찬성하는 여권주의자다. 사람이 사람을 노예화하면 그 자신도 노예로 타락한다."

"남자는 여자에게서 다소간 여성을 향유하는 것이 절대로 필요하다. 여자의 긴 머리가 아니라 미덕―이를테면 우아함, 유연성, 매력이 필요하다. 남자는 파괴적이고 나무를 자르고 전쟁을 밥먹듯이 하는 데 반하여 여자는 보존하고 존속시키는 본능이 있기 때문에 남자에겐 여자의 손길이 반드시 필요하다는 뜻이다."

필자가 그의 책상에 세워둔 〈나무아미타불(南無阿彌陀佛)〉이라고 쓴 타블렛을 가리키며 불교에 대한 그의 관심도에 대해 묻자 밀러는 그가 17세때 이미 인도와 중국의 형이상학의 영향을 받았다고 했다. 그리고 형이상학은 철학과는 다르다면서 그의 소설 주제의 하나가 불교사상인 '만물의 단일성'이라고 했다.

그는 또 젊은 사람들이 꼭 읽어야 할 책들로서 푸시킨, 괴테, 니체, 칸트, 셰익스피어, 도스토예프스키 등을 들었다. 미국의 젊은이들은 도스토예프스키를 읽지 않음으로써 인생의 많은 것을 잃고 있다고 했고 푸시킨은 미국에서 영역판조차 나오지 않았으니 한심한 노릇이라고 했다(그 이듬해 필자는 보스턴의 서점에서 푸시킨 작품의 두꺼운 번역판이 나온 것을 보았다.).

 D.H.로렌스에 대한 그의 견해를 묻자 밀러는 그에 대해 8백 페이지나 썼으나 수렁에 빠진 것 같아 결론을 내리지 못하고 있다고 했고 로렌스의 〈미국 고전문학 연구〉를 격찬했다. 이것은 수긍이 가고도 남는 말이었다. 제임스 조이스와 D.H.로렌스가 무대를 떠난 뒤 가장 말썽 많은 작가로서 헨리 밀러가 그 무대를 계승했었던 것이며 현대문학사상 영미 3대 작가로 구성된 하나의 계보를 이루었음은 비평가들이 이구동성으로 하는 이야기이다. 그러나 그들 각자의 독자적인 문학세계와는 별도로, 세상에 물의와 논쟁을 일으킨 면만을 본다면 밀러가 두 선배작가보다 훨씬 더 우위에 있다. 두 영국 작가들처럼 성묘사를 파격적이고 대담하게 하고 기독교를 등진 것 외에도, 밀러는 그들보다 한 술 더 떠서 자국의 문화를 혹독하게 비판했기 때문이다. 성묘사의 금지를 타파하여 문학의 영역을 획기적으로 넓힌 점에서 세 작가는 공통점이 있지만 반(反)기독교 · 반(反)기계문명 · 인간성 회복 외친 면에서 밀러는 로렌스에 가깝다.

 밀러는 일본작가를 언급하며 미시마 유키오는 지나치게 심미적일 뿐 내용이 별로 없다고 했고, 한국엔 어떤 작가가 있는지 묻기도 했다. 마지막으로 밀러는 하나의 꿈을 가지고 있다고 했다. 그것은 한국을 포함한 아시아의 몇몇 나라를 여행하는 것이라고 했다. 필자도 그 꿈이 이루어지기를 바란다고 했다. 그러면 그의 그리스 기행문《마루시의 거상(巨像)》에 버금가는 책이 또 하나 나올 것이 아니냐고도 했다. 이 책은 단순한 여행기가 아니라 기계와 세일즈맨과 추상적인 사고자들로부터의 도피행의 기록이었다. 그 여행은 로렌스가 멕시코로 도피했던 것과 같은 성질의 것이었다. 그들은 똑같이 서구문명에 젖은 생활을 청산하고 정신적인 재생을 원했던 것이다. 그러나 인간성 회복을 위한 섹스에 대한 그들의 공통된 깊은 관심에도 불구하고 그것에 대한 접근태도엔 양자 사이에 현격한 차이를 드러내고 있다. 비평가 허버트 리드는 이렇게 쓰고 있다.

"헨리 밀러는 외설적인 작가가 아니다. 그는 드물게 보는 철저하게 자연스러운 작가로서 외설적인 어휘를 D.H.로렌스처럼 신중히 골라서 쓰지 않고 그의 주제에 필수적인 요소로 썼을 뿐이다."

그와의 면담을 기념하기 위해 사진을 몇 장 찍었다. 여기자와 같이 찍을 때 밀러는 그녀의 허리에 팔을 감고 다정한 포즈를 취했다. 과연 헨리 밀러였다. 그의 높고 거침없이 힘주어 말하는 유창한 말투며 자유분방한 생활태도를 짤막한 시간에서나마 충분히 엿볼 수 있었던 것이 기뻤다. '글은 곧 사람이다'는 말이 밀러에게서처럼 걸맞는 작가도 없을 것이다. 한 가지 아쉬운 것은 그가 계획했던 한국 방문을 그의 말대로 단지 '하나의 꿈'으로 남긴 채, 5년이 못가서 세상을 떠났다는 사실이다.

헨리 밀러(Henry Miller, 1891~1980)는 미국의 작가로 뉴욕의 가난한 독일계의 집안에서 태어나 요크빌에서 1년도 안되어 블루클린으로 이전했다. 아버지는 양복 재단사였다. 그 자신의 말에 의하면, "내가 자란 브루클린 제14지구가 내 조국이며, 5세에서 10세까지의 사이가 내 일생에 있어서 가장 중요한 세월이었다. 나는 거리에서 살았으며, 전형적인 미국 부랑아 기질을 익혔다"고 했다. 어릴 때부터 반항정신과 방랑벽을 가지게 되었으며, 성인이 되어서는 뉴욕 시립 칼리지를 2개월 만에 퇴학, 그 이후 각종 직업에 종사하면서 멀리 서부와 알래스카까지 떠돌아 다니며 방랑 생활을 했다. 그리고 홀연히 뉴욕에 돌아와서는 비밀 술집을 경영하기도 했지만, 1930년에는 마침내 '최후의 국적 이탈자'로서 겨우 10달러를 가지고 런던을 거쳐 파리에 가서 배고픈 '파리 방랑 시대'가 9년 동안이나 계속되었다. 그러나 그 사이에 첫 장편소설 《북회귀선(*Tropic of Cancer*)》(1934)을 비롯하여 《어두운 봄(*Black Spring*)》(1936), 《남회귀선(*Tropic of Capricorn*)》(1939) 등을 썼고, 1937년에는 런던에서 T.S. 엘리엇, D.토머스, L.더렐과도 만났다.

1939년에는 그리스에 있었던 더렐을 방문했으나, 연말에 아테네 주재 미국 영사관으로부터 귀국 명령을 받고, 40년에 뉴욕으로 돌아가, 이후 미국 각지를 두루 여행했고, 1944년에 캘리포니아 주 빅서에 정착하여 오랫동안 그곳에서 살았다. 귀국 후의 주요 작품으로,《성(性)의 세계(*The World of Sex*)》(1940, 개정판 1957), 3부작《장미의 십자가(*The Rosy Crucifixion*)》—《섹서스(*Sexus*)》(1949),《플렉서스(*Plexus*)》(1953),《넥서스(*Nexus*)》(1960)—와《클리시의 조용한 나날(*Quiet Days in Clichy*)》(1956)등이 있다. 이 중의《북회귀선》은 파리에서 출판, 맨 처음 E.윌슨, G.오웰 등으로부터 인정을 받았으나 일반 대중에게는 별로 알려지지 않았고, 파리에 거주할 당시에는 저서에 의한 풍기 문란죄로 두 번이나 기소되었고, 1957년에는《섹서스》의 번역서가 외설문서로 낙인이 찍혀 노르웨이 법무장관의 몰수 명령이 발동되었으며, 모국인 미국에서도 일곱 권이나 판매금지 처분을 받았다. 이러한 그의 장편이나 단편 소설은 거의 자전적이나, 연대기적으로 씌어진 것은 아니고 동시에 잘 정리되어져 있는 것도 아니다. 이것은 다만 작가의 정신적, 육체적, 환상적 편력의 자취를 독자와 함께 나누어 가지려는 의도인 듯하다.

  그는 언제나 낙천적이며 명랑하고 태양빛을 듬뿍 받은 문화 비평가며 동시에 작가다. 그는 엘리엇, 헉슬리, 도스 패서스, 파운드 등, 거

장들에 의해 크게 인정을 받았으며, 미국의 비트 제너레이션 이후 젊은 작가들에게 큰 영향을 끼친, 미국문학사에서 확고한 위치를 차지하고 있는 작가이다.

내가 만난 존 업다이크

— 따님 엘리자베스는 어떻게 지내십니까.

"이제 곧 어머니가 되지요. 지금 29세인 걸요. 우리가 서울에 갔던 것은 1970년이니까 15년이 흘렀군요."

— 얼마 전에 내신 평론집 《해변을 감싸고(*Hugging the Shore*)》를 재미있게 읽었습니다. 지금은 무슨 책을 쓰고 계십니까?

"최근에 낸 장편은 《이스트윅의 마녀들(*The Witches of Eastwick*)》입니다. 3월이나 4월에 새 시집이 나올 예정이고, 현재는 장편을 쓰고 있지만 그리 쉽게 되지를 않는군요. 나이 탓으로 더이상 소설 쓰기가 어려워진 모양이지요."

— 작년 여름에 한국 영어영문학회 초청으로 레슬리 피들러 교수가 서울에 왔었는데 그는 미국소설의 장래에 대해 적잖이 의혹을 가지고 있는 것 같더군요.

"그는 참 다이나믹한 사람이지요. '미국 소설은 이제 갈 곳이 없다'라고 했겠지요(웃음). 그가 그런 소리를 한 지는 벌써 오래되었습니다."

— 소설은 시대와 더불어 변한다고 보십니까?

"생활이 변함에 따라 소설도 변할 수밖에 없겠지요. 지금 우리는 옛날식의 소설을 쓸 수 없지요. 새로 해야 할 말이 있고, 행해야 할 일이 있으니까요."

— 당신의 소설 《센토(*The Centaur*)》에 신화를 개입시킨 의도는 무엇입니까?

"그 책은 20년 전에 써서 기억도 잘 나지 않는군요. 그러나 그럴 만한 이유가 있었을 것입니다. 이야기를 분식(粉飾)하는 하나의 방법이지요. 사실상 내 자신의 어린 시절이 신화처럼 생각되기도 했었습니다. 그래서 그 신화로부터 진짜 신화를 한번 만들어보는 것이 좋겠다고 생각했던 것이지요."

— 당신의 독자들 중 어떤 이들은 《토끼(*Rabbit*)》3부작—〈토끼〉란 별명을 가진 주인공이 나오는 《달려라 토끼(*Rabbit Run!*)》《돌아온 토끼(*Rabbit Redux*)》《부자가 된 토끼(*Rabbit is Rich*)》에 섹스가 과다하다고 말하더군요. 특히 뒤의 두 편이 말입니다.

"글쎄요. 나는 토끼의 삶에 있음직한 것 이상으로 섹스를 집어넣지는 않았습니다. 토끼는 섹스가 강한 동물입니다. 그래서 주인공에 걸 맞게 그 소설들이 그렇게 된 것이지요. 소설이란 재미있고 인간적이고 믿을 만하게 씌어지면 되는 것입니다. 만약 그 책들에 섹스가 빠진다면 매우 유감스러웠을 것입니다."

― 요즘 일과는 어떠하신지요.

"대체로 매일 같은 시간에 작업을 하고 있어요. 하루 종일 일할 때도 있지만 본격적인 일은 점심 전에 끝내려고 노력합니다."

― 작품활동과 교단생활을 병행시키는 것이 가능하다고 봅니까?

"물론 교단에 서는 것이 글을 쓰지 않는 데 대한 좋은 구실은 되겠지요. 가르치노라면 시간을 너무 많이 소비하게 되니까요. 교단에 서는 작가를 탓할 생각은 없지만 나의 경우 학생들에게 창작을 가르치느니 차라리 내 작품을 더 많이 쓰겠습니다."

―《해변을 감싸고》에 있는 솔 벨로에 관한 글이 참 좋았습니다.

"솔 벨로는 참 글을 아름답게 쓰는 작가입니다. 그가 쓴 작품을 모두 다 좋아하는 것은 아니지만 잘 된 것들은 생동감이 넘치지요. 그의 인물묘사의 재능은 일품입니다. 그의 작품에는 대단한 열정이 담겨져 있다고 생각합니다."

― 요즘 그분이 어떻게 지내고 있는지 아십니까.

"한동안 뉴욕에 있다가 그곳을 떠났지요. 사실상 어느 작가나 뉴욕을 떠나야 된다고 생각합니다. 그렇지 않으면 뉴욕이란 도시가 그 작가의 정력을 모두 탈진시켜 버리니까요."

— 존 바스와 토마스 핀천에 대해서는 어떻게 생각하십니까.

"나는 바스를 한 15년 전에 만나본 일이 있습니다. 나는 그를 칭찬하고 싶습니다. 그의 긴 장편들은 읽지 않아서 뭐라고 말할 수 없지만 내가 읽은 비교적 짧은 작품들로 보아서는 야릇한 냉정성과 희롱조가 담겨 있어서 어쩐지 내 마음을 완전히 사로잡지는 못합니다.

핀천에 대해서도 나는 아는 것이 많지 않아요. 나는 그의 비교적 짧은 작품들만 읽었는데 칭찬할 만한 점이 많더군요. 다른 사람들로부터 칭찬을 너무 많이 받아오고 있기 때문에 내가 칭찬을 더 보탤 필요는 없겠지만요. 나는 그의 작품들을 일종의 소극(笑劇)이라고 생각합니다. 그 작품에는 모든 것이 다 들어 있지만 정작 인간은 존재하지 않는 게 유감이라고나 할까요."

— 나는 앞으로 미주리 주의 하니발(마크 트웨인의 고향)과 미시시피주의 옥스퍼드(윌리엄 포크너의 거주지)로 여행할 계획입니다.

"지난번에 그곳에 가보시지 않았던가요? 저도 거기엔 가본 일이 없습니다. 그곳에 가게 되면 저보다 훨씬 앞서게 되겠군요."

— 포크너의 《고함과 분노(*The Sound and the Fury*)》 속에 나오는 Quentin이라는 인물은 실제인물처럼 느껴지지 않습니다. 당신의

소설에서는 그런 인물이 눈에 띄지 않더군요.

"예, 그렇지요. 나도 Quentin을 이해할 수 없습니다. 벤지는 좋아합니다. 벤지는 실제적인 인물로 믿어집니다. Quentin이 별로 호소력이 없는 인물이라는 것 외에는 그에 대해서 별로 생각해 본 일조차 없습니다. 포크너에게는 항상 멜로드라마적인 면이 다분히 있어요. 그는 늘 과장하는 경향이 있습니다."

―Quentin이 당면한 근본 문제는 무엇입니까.

"그가 당면한 문제라면 그는 우리들보다 더 예민하게 그리고 더 많이 느끼고 있다는 것이겠죠. 내가 그리는 인물들은 그처럼 자살을 할 만한 죄의식을 느끼고 있지 않습니다."

―옥스퍼드에 가면 나는 내가 한국어로 번역한 《압살롬, 압살롬!》 책 한 권을 미시시피 대학의 포크너 서고에 기증하려고 합니다.

"아주 좋아할 겁니다. 포크너는 난해하지만 대학에서는 대단히 높이 평가하고 있지요."

―어떤 미국작가들은 한국이 국제저작가협회에 가입해야 한다고 주장하고 있습니다. 우리가 지금까지 가입하지 않은 이유 중의 하나는 한국문학이 외국에서 거의 팔리지 않으므로 일방통행과 같은 상태에 놓여 있다는 점을 들 수 있습니다. 한국문단의 일각에서는 미국에서 한국작품을 보급할 길을 모색하고 있는데 무슨 좋은 아이디어가 없겠습

니까.

"그 방법에 대해서는 오히려 당신들이 더 잘 알 수 있을 것 같은데요. 미국 내에서 외국작가의 작품이 많이 팔리기란 꽤 드문 일이지요. 너무나 많은 미국 작가와 영국 작가들의 책이 계속 쏟아져 나오니까요. 그리고 아시다시피 번역작품에는 특수한 문제들이 수반되어 그것을 한꺼번에 해결하기는 쉬운 일이 아닐 것입니다. 지금 한국 최고의 작가는 누굽니까."

―사실상 여러 사람이 있습니다. 1987년에 국제 펜대회가 다시 서울에서 개최되는데 그때 참석하실 수 있겠습니까.

"생각해 보겠습니다. 아시아에 다녀온 지도 퍽 오래됐습니다. 그 기회에 서울에서 다시 만나도록 합시다. 펜대회에 대해서 좀더 자세히 편지로 알려 주시기 바랍니다."

―그러겠습니다. 만나서 반가왔습니다. 서울에서 다시 만나기를 기대하겠습니다.

"정말 반가왔습니다. 즐거운 여행하시고 안녕히 돌아가십시오."

한국을 사랑한 작가 펄 S. 벅

"지난번 오실 때는 가을이었는데 이번엔 초여름에 오셨습니다. 한국의 여름이 어떻습니까?"

"좋습니다. 특히 논이 보기 좋군요. 모가 많이 자랐어요."

뉴코리아 호텔 14층, 햇빛이 환하게 비쳐 들어오는 넓은 방에서 나는 반년 만에 다시 펄 벅 여사와 허심탄회하게 이야기할 기회를 가졌다. 여사는 옆이 터진 검정색 공단 중국식 원피스를 입고 있었고 늘 하는 버릇으로 손을 마주잡고 있었다.

"이번 방한의 주목적은 한미혼혈아를 위한 '기회센터 (Opportunity Center)'를 발족하려는 것이라고 들었습니다만?"

"그렇습니다. 나는 5백 년 내지 천 년 후에는 인구 모두가 혼혈인이 되리라고 생각해요. 그래서 나는 현재의 혼혈아들을 '새로운 인간(New People)'이라고 부르죠."

"여사는 한국인에 대해 어떻게 생각하시나요?"

"한국여성은 미국여성보다 강한 것 같아요. 그런데 한국에서는 여성에 비해 남성이 약한 것 같아요. 아들은 어머니 손에 너무 귀하게 자라서 약해지고 딸은 그렇게 소중히 여겨지지 않았기에 오히려 독립심이 강해진 게 아닐까요?"

"글쎄요, 한국남자가 여자보다 약하다는 말은 처음 듣는데요."

"그래요? 또 나는 한국여자가 결혼한 뒤에도 구미나 일본에서처럼 남편 성(姓)으로 바꾸지 않고 자기 성을 그대로 지니고 있는 것이 마음에 듭니다."

"이름 이야기가 나왔으니 말인데, 여사님 이름을 한국에서는 펄 벅으로 발음하는데 벅이란 성과 비슷한 발음의 성이 한국에도 있어요. '박'이라고요."

"아, 그렇군요. 그러면 나를 펄 박이라고 불러주세요. 나는 그쪽이 좋습니다." 여사는 친근한 미소를 지으며 말했다.

며칠 후 여사는 서울의 명예시민이 되었다.

위의 대화는 1967년 초여름 《대지(大地) : *The Good Earth*》의 작가이자 노벨문학상 수상작가인 펄 벅(Pearl S. Buck)과 나누었던 대화의 일부이다. 대화에서 알 수 있듯이 그녀의 한국에 대한 관심과 애정은 각별했고, 또한 그녀의 작품에 나타난 한국문화나 관습에 대한 지식은 놀랄 만큼 해박했다. 그녀는 1960년 68세 때 처음으로 한국을 방문한 이래 1969년까지 여덟 차례에 걸쳐 한국을 방문했고 (마지막 방문은 휠체어에 탄 채였다) 한국과 한국인을 좋아한다고 공공연히 말했는가 하면, 한국의 전쟁혼혈아들을 위한 기관을 세우는 등, 저명한 외국작가 중 아마도 한국과 가장 인연이 깊은 작가일 것이다. 한국을 배경으로 쓴 소설만도 세 편이나 되는데, 《갈대는 바람에 시달려도: *The Living Reed* (1963)》(후에 장영희에 의해 《살아 있는 갈대》로 개역됨)라는 대하소설을 위시하여 《한국에서 온 두 처녀: *Love and the Morning Calm*(1950)》, 《새해: *The New Year* (1968)》가 있다.

미국 여류작가로서는 최초로 노벨상을 수상한 펄 벅은 무려 80권에 가까운 소설과 단편집, 전기, 평론집을 펴낸, 세계에서 드물게 보는 다산(多産) 작가였다. 상호이해를 통한 정의와 평화가 군림하는 세계를 염원한 평화주의자이자 자선사업가로서 우리나라에도 혼혈아를 위한 재단을 세웠던 인도주의 작가로 알려진 펄 벅은 작가의 최대 사명은 동서양의 벽을 허물고 인류의 복지사회를 이루는 것이라고 생각했고, 미국에서 태어나 중국에서 자라난 스스로를 '정신적 혼혈아'라고 불렀다. 그녀의 작품 중에는 중국, 한국, 인도, 일본 등, 동양을 배경으로 한 것이 많은데, 스웨덴의 한림원은 노벨상 수여 이유를 "인종을 분리하고 있는 큰 장벽을 넘어 인류 상호간의 일치감을 일으키게 하는 훌륭한 작품을 썼고, 위대하고 생동하는 묘사의 예술창조"라고 밝힌 바 있다.

제2차 세계대전 뒤인 1949년에 펄 벅은 미군 병사들이 아시아의 여러 나라에 남기고 간 사생아들을 돕기 위해 펄 S. 벅 재단을 세웠다. 펜실베니어 주 자택 근처에 '환영의 집(Welcome House)'을 설립하여 미국인과 아시아인의 혼혈 고아 구제와 교육을 위한 사업을 시작하였다. 1967년에는 자신이 소유한 재산의 대부분인 7백만 달러가 넘는 돈을 이 재단에 희사했고 사망 후 다시 전 재산을 기부했다. (이보다 앞서 1941년 그녀는 동양 각 국민과 미국인의 상호이해와 친선을 도모하기 위해 '동서협회'를 창설한 바 있다.) 그녀는 "동양인은 서양인보다 인생을 즐기는데 더 큰 가치를 두고, 가족간의 사랑을 중요시하고, 노인을 대접하고, 진정 행복이 무엇인지 알고 마음의 평화를 지킬 줄 아는 사람들이다. 그래서 인간의 행복에 대한 강조는 동양이 서양에게 줄 수 있는 최대의 선물이다"라고 말한 바 있다. 그러므로 서양인은 동양인으로부터 인간적인 행복을 도로 찾는 법을 배워야 하고, 또한 동양인은 행복을 증진시키기 위해 서양인들로부터 의술과 과학기술을 배워 하나 되는 세상을 만들어야 한다고 역설했다.

펄 벅이 한국을 소재로 쓴 작품들은 우리에게 특별한 의미를 갖는다. 1960년에 한국에 와서 많은 자료를 수집 및 조사하고, 2년 간의 집필 기간을 거쳐 1963년 출간되자마자 《뉴욕 타임즈》 베스트셀러가 된 《갈대는 바람에 시달려도》는 "한국은 고상한 국민이 살고 있는 보석 같은 나라이다"라는 말로 시작하고 있다. "아름다운 전통의 나라, 민족정신을 고고하게 지켜가는 나라"라고 칭하며 한국을 세계에 소개하는데 크게 기여한 것으로 평가받고 있는 이 작품에 펄 벅은 많은 시간과 애정을 쏟았고 따라서 한국의 문화에 대한 해박한 지식과 역사적 사실에 대한 고증이 놀라울 정도로 정확하다.

《갈대는 바람에 시달려도》는 노벨문학상 수상작가가 한국을 배경으로 쓴 대하소설로 당시 대단한 반향을 불러일으켜, 거의 매일 일간신문에서 기사화 되었다. 작품의 스케일이나 길이로 보아 그녀의 대표작 〈대지〉 이후의 최대 야심작으로서, 구한말에서 해방까지 한국의 격동기에 태어나 역사의 소용돌이 속에서 나라를 구하기 위해 투쟁한 가족을 4대에 걸쳐 그리고 있다.

펄 벅은 자신의 작품들은 수채화와 유화로 대별할 수 있다고 말한 바 있다. 즉, 《숨은 꽃》, 《영원한 사랑》, 《북경에서 온 편지》, 《새 해》와 같이 가볍고 섬세한 타취의 작품들은 전자에 속하고, 《대지》, 《정오》, 《양마담의 세 딸》등과 같이 스케일이 웅장하고 묵직한 내용의 작품은 후자에 속하는데,《갈대는 바람에 시달려도》는《대지》와 함께 후자에 속하는 대표적 작품이다. 격변하는 역사 속에서 무너지기 시작하는 봉건제도와 그 속에서 발발하는 세대간의 갈등, 새롭게 대두되는 양반과 농민 사이의 부조화, 밀려드는 외세 속에서 겪는 시행착오, 그리고 마침내 깨닫게 되는 민족자결의 다짐 등이 마치 근대 한국의 측면사를 보는 듯한데, 그 속에서 조국독립이라는 지상최대의 목적을 위해 투쟁하며 살아가는 인물들의 모습은 처절하면서도 숭고하다.

이 책의 원제이자 중심적 인물인 연춘의 별명이기도 한 '살아 있는 갈대'는 책에서 가장 중요한 상징이다. 일찍이 집 근처 대나무밭에서 어린 죽순을 뽑아놓은 아들 연춘에게 아버지 일한은 한국의 지도를 보여주며 한국의 역사는 짓밟혀도 '땅 밑에 감추어진 뿌리에서 새순이 다시 솟아오르듯 일어선' 사람들에 의해 지킬 수 있었다고 가르친다. 그러므로 '살아 있는 갈대'라는 말은 펄 벅이 대륙의 끝에 매달려 있는 '황금의 과일'로서 역사를 통해 주위 열강들의 탐욕의 대상이 되는 위치에서도 끈기 있게 민족정기를 지키며 살아남은 나라, 한민족의 겨레정신을 일컬은 것이다.

한국을 방문할 때마다 펄 벅은 여러 대학과 기관에서 강연을 통해 한국인에 대한 애정을 표명했고, 한국에서 돌아간 후에도 미국인들에게 한국을 알리고 한국인의 입장에서 설명하였다. 1960년 처음 방문을 하고 돌아간 이듬해인 1961년 9월 26일 그녀는 《루크》지의 톱기사로서 '과거 25년 간의 인류의 비극'이라는 제목의 글을 썼다. 여기서 특별히 한국에 대해서 언급하고 있는데, "한국은 확실히 세계에서 가장 풍경이 아름다운 나라의 하나이다"라고 말하면서 오늘날 한국의 비극은 본의는 아니더라도 과거에 미국이 한국에 대해서 저지른 세 차례의 과오에 기인한다고 주장하고 있다. 즉 그 첫 번째는 1905년에 루즈벨트 대통령이 일본과 러시아가 포츠머스 조약을 맺도록 동의했을 때 일본 편을 들고 한국의 독립문제를 소홀히 했기 때문에 1910년에 일본이 한국을 합병할 수 있는 길을 열어준 셈이 되었고, 두 번째는 1차 대전 말에 윌슨 대통령이 약소민족의 자결주의(自決主義)를 주창해 놓고도 1919년 파리 세계평화 회의 때 민족자결을 요구하는 한국망명사절에게 언권을 주지 않았고 뒤이어 삼일운동 때에도 미국과 그 동맹국들은 모두 수수방관했다는 것이다. 그리고 그 세 번째는 제2차 세계대전시 1943년 11월 카이로 회의에서 루즈벨트 대통령과 윈스톤 처칠과 장개석(蔣介石)이 한국 문제를 잘못 다루었기 때문에 한국 국민이 원치 않았던 국토양단의 비극적인 결과를 초래했다는 것이다.

펄 벅은 1961년 크리스마스 때 《동아일보》를 통해서 보낸 한국 국민에게 보낸 신년 메시지에서 다음과 같이 말하고 있다.

"우선 나는 내가 한국과 한국 국민에 대해 무한한 애착과 존경을 갖고 있다는 것을 말하고 싶습니다. 나는 중국에 있던 한국인 친구들을 통해서 오래 전부터 한국의 역사와 문화를 알고 있었습니다… 물론 나는 남북한의 분단이 한국 국민에게 끼치고 있는 많은 시련을 잘 알고 있습니다. 한국의 역사는 고난으로 가득 찬 것이긴 하지만, 한국이 오늘날처럼 분단된 적은 일찍이 한 번도 없었고, 또 분단되어서는 안 되는 것입니다. 한국은 성격상, 역사상 단일국가입니다. 지난 세기 동안 온갖 고난을 겪으면서도 한국 국민은 독자적이고 강인한 정신을 유지해 왔고 그 문화와 성격에 있어서 일본, 중국, 그 밖의 어떤 아세아 국가와도 다르다는 사실을 발견하고 나는 감탄했습니다. 나는 이 문화의 독창성을 높이 평가하며 한국인과 그 문화에 더욱더 깊은 관심을 가지게 됩니다. 새해가 밝아옴에 따라 우리는 한국이 어떻게 해서든지 다시 통일되어 한국 국민이 이전의 일치단결로 되돌아갈 수 있기를 기원합니다."

펄벅의 작품은 그 어느 것을 읽어도 인도주의적이며 갈등은 있어도 희망적인 분위기로 끝나는 것이 특징이다. 그리고 자신의 작품에는 어떤 인물을 통해서든 자신이 등장한다고 말한 바 있다. 역대의 작가들은 물론 정치가, 사상가들을 총망라해서 펄 벅만큼 동과 서의 상호이해를 위하여 큰 공로를 세운 사람도 없을 것이다. 스스로 밝혔듯이 그녀는 '세계적인 사고(world thinking)'를 하며, 인도주의와 '생명의 연속'이 밑바닥에 흐르는 작품을 썼다. 펄 벅의 주제를 한 마디로 요약한다면, 한국에 관한 첫 작품인 《한국서 온 두 처녀 : *Love and the Morning Calm* (1950)》에서 그 중 한 처녀가 하는 말을 빌어서 "세계적인 사랑"이라는 말로 표현할 수 있을 것이다. 펄 벅의 인도주의 정신은 그녀의 모든 작품의 밑바닥에 흐르고 있고, 또 '에센스(Essence)'라는 시에서 "내가 심혈을 기울여 만든 모든 작품의 에센스는 이 지상엔 사랑이 없으면 공포가 있을 뿐이라는 말로 요약할 수 있다"고 펄 벅 스스로가 말하고 있기 때문이다.

우뚝 선 일봉(一峯) 최준기*

　최준기(崔俊基) 학장의 회갑을 기리는 이 축전에 참석하기 위해 집을 나섰는데 차 잡기가 몹시 어려운 때인데도 금방 택시가 잡혔습니다. 그것도 차체에 무지개 장식이 있는 택시였습니다. 그 차를 타고 오면서 나는 사회의 모범적인 인사(人士)의 축전에 모범운전수의 개인택시가 나를 데려다 주는 것이 상징적인 의미라도 있는 것 같아 유쾌한 생각이 들었습니다.

　최준기 학장을 대하거나 눈앞에 떠올릴 때면, 나는 항상 그 온유하고 고매한 기품을 보게 됩니다. 고매(高邁)하다는 표현은, 그가 키가 크고, 즉 높고 한결같이 일에 매진한다는 뜻에서도 어울리는 것 같습니다. 그것은 또한 일봉(一峯)이라는 그의 아호와도 일치합니다. 그런

---

* 위 글은 필자가 최준기 교수 회갑기념 논문 증정식에서 한 축사를 정리한 글이다.

데 그는 대학동창이며 삼십 년 지기(三十年知己)인 나를 항상 형처럼 따랐고 그러면서도 여러 면에서 나를 능가했지만, 한 가지 나를 본받지 않아도 될 것을 본받았습니다. 그것은 그도 회갑을 맞이할 만큼 나이를 먹게 되었다는 것입니다. 그러나, 나이를 먹는다는 것은 우리가 인간이기 때문에 누구를 막론하고 피할 수 없는 운명이므로, 중요한 것은 그 유한한 일생을 그야말로 보람있게 살다 가려고 노력하는 것일 것입니다. 그런 의미에서 최 학장의 육십 평생에 등급을 매긴다면 갑상(甲上)이라고 할 수 있습니다.

최 박사는 영문학을 가르치고, 많은 논문을 썼고, 번역작품도 여러 권 냈지만, 그는 생활의 수단으로서 문학을 가르치기보다는 문학과 더불어 살아왔다고 할 수 있습니다. 문학이 주는 감흥에 깊이 젖어들고, 문학에서 얻는 지혜를 실생활에 활용하였습니다. 예를 들어, 몇 해 전에 그의 클라스에서 토마스 하디(Tomas Hardy)의 〈The Son's Veto〉라는 단편을 강의했을 때의 에피소드 입니다. 하녀 출신으로 목사와 결혼한 어머니가 아버지가 죽은 뒤에 고독을 못 이겨 어린 시절 고향의 아는 사이였던 야채 장수와 재혼하려고 하자, 아들이 돌아가신 아버지의 위신과 집안의 명예를 내세워 이를 눈물로 가로막습니다. 강의 중 그 아들과 여인의 처지가 하도 딱하게 느껴져서 최 교수는 그 장면의 영문— "Say no more—perhaps I am wrong! I will struggle against it!" She cried miserably.— 을 강독하다가 목이 메었습니다. 그러자 여대생들이 모두 흐느꼈고, 그도 같이 울어버려 교실은 울음바다가 되었습니다.

    회갑을 맞이한 최 교수에게 나는 5년 남은 정년퇴직 후의 대책을 물었습니다. 이것은 나에게도 당면한 문제이기도 했습니다. 그러자 최 교수는 그가 가르쳐온 셰익스피어의 비극 중의 하나인《리어왕》의 예를 들었습니다. 그 왕처럼 여생을 자식들에 의존했다가 낭패를 당하는 일이 있어서는 안 되겠다는 것입니다. 이어서 그는 말했습니다. 첫째, 내외 모두 건강해야 하며, 둘째, 자식들에게 의존할 것이 아니라 조금이라도 베풀어줄 수 있는 경제적 기반이 있어야 하며, 셋째, 몰입할 수 있는 일거리가 있는 것이 좋고, 넷째, 흉금을 털어놓고 얘기하며 소일할 수 있는 친구가 있어야 한다는 것입니다.

    항상 잔잔한 표정이지만, 최 박사의 마음은 거의 언제나 긴장 상태에 있었습니다. 그것은 그의 막중한 대학 행정직 책임과 그의 본업인 강의의 책임을 균형있게 양립시키려는 갈망에서 나온 것입니다. 그의 행정 능력이 탁월함은, 한양대 전임교수 임명 초기부터 오늘에 이르기까지 30년 간 줄곧 이런저런 보직이 떠맡겨져 왔다는 사실에서도 증명됩니다. 놀라운 사실은, 그전에도 그랬지만, 특히 한양여자전문대학의 학장이라는 대임을 맡은 지가 10년이 넘는데도, 그 동안 행정업무에 밀려 강의시간을 빼먹은 적이 단 한 번도 없었다는 것이다. 더구나 그의 강의는 항상 내용이 충실하여 학생들의 칭송을 받아왔습니다.

최 학장의 교육이념은, 학생들에게 그들 각자가 갖고 있는 소질을 키워 그것을 최대한 개발할 수 있게 해주는 것입니다. 한양여자전문대학엔 10개의 학과에 3천여 명의 학생이 있어서 자그마한 종합대학의 양상을 띠고 있으므로, 그 대학은 최 박사의 교육이념을 펴기에 알맞은 곳이라 하겠습니다.

지난 번 다방에서 텔레비전의 한 프로를 같이 보았습니다. 그것은 우리나라 원로 무용가가 딸에게 무용을 가르치고, 또 어떤 가수가 어린 딸에게 대중가요를 부르게 하며 가수로 키우려고 하는 장면이었습니다. 우리 옆에 앉았던 사람이 그것을 보고 어린 자식에게 자기 직업을 강요한다면서 그 어른들을 비난하자 최 교수는 그것은 예능을 멸시하는 전근대적인 편견이라고 대꾸했습니다. 문제는 소질이며 자식에게 소질만 있다면 그러한 어버이를 가진 것은 오히려 큰 행운이며, 국가사회를 위해서도 매우 바람직한 현상이라는 것입니다.

최 학장은 제자를 사랑하는 스승답게 그의 졸업생들의 취직문제에 대해 걱정했습니다. 관광학과와 전자계산학과의 졸업생은 잘 풀리지만, 도예과를 비롯한 몇몇 과의 졸업생은 취직율이 저조한 것이 당면문제라고 걱정했습니다.

대다수의 대학들과는 달리 데모로 소란을 피우지 않는 꽃밭 같은 여자대학의 학장은 할 맛이 있겠다고 내가 농담하자, 최 학장은 자신의 직장에 보람을 느낀다면서 그런 의미에서 복을 많이 받은 사람이라고 자인했습니다. "그러나 복치고는 자신과 가족이 모두 건강하고 자식들이 자기 앞 감당을 잘 해내는 것을 보는 것 이상의 복이 있겠소?"하고 덧붙이는 것을 잊지 않았습니다.

  건강이란 말이 나왔으니 말이지만, 최 학장의 건강상태를 웅변으로 말해주는 사례가 둘 있습니다. "한국영문학회 회원 천 몇백 명 중에서 팔 힘이 제일 센 회원은 서강대 김 모 교수고 다리 힘으로 유명한 회원은 서울대 장모 교수다"라는 소문이 파다한 데 뒤이어 "팔다리 힘이 모두 제일 센 회원은 한양대 최준기 교수다"라는 말이 떠돈다고 합니다. 물론 이것은 부정확한 표현이겠지만, 최 교수의 건강은 전설적입니다. 언젠가 그가 나더러 천진한 어린이처럼 "아파서 입원을 해봤으면 좋겠어. 꽃을 들고 문병차 병원으로 나를 찾아온 친지들을 맞는 것은 상상만 해도 기분이 좋다"는 것이었습니다. 그래서, 나는 그더러, "Knock on wood!"라고 주의시켰을 정도로 그는 여태껏 병은 커녕 감기 한 번 걸리지 않고 살아왔습니다.

  건강의 비결을 묻는 사람에게, 그는 한자로 두 글자를 써주는데, 그것은 망(忙)과 애(愛)입니다. 항상 심신이 바쁘고, 깊은 사랑 속에 살다 보면, 병이 비집고 들어올 틈이 없다고 그는 부연해서 말하곤 합니다.

최교수는 그저 외곬으로 살아온 사람입니다. 어떤 모임에서 '지꾸땡'이란 말이 나왔을 때, 그는 그것이 화투 놀이 용어인 줄 모르고 딴소리를 하여 그 자리에 있던 모든 사람을 웃긴 일이 있었을 정도입니다. 술은 동석한 사람에게 권하기 위해서 마지 못해 맥주를 반 잔 하는 정도며, 담배는 절대 금물로서 입에 댔다가는 얼굴이 화끈 달아오르고 어김없이 알레르기 현상이 일어나기 때문에 그에겐 담배 연기가 독기(毒氣)와 상통합니다. 담배를 피우지 않고, 바둑을 두지 못하며, 항상 바쁘게 움직이는 생활방식을, 그는 선배인 내게서 배웠다고 하나 그것이 사실이라면 술은 내게서 안 배운 것을 보면 좋다고 생각되는 습성만을 선별적으로 자기 것으로 만드는 그의 지혜를 여기서도 엿볼 수 있는 것입니다.

그런데, 최 박사에게는 공개하지 않은 건강 비법이 하나 있습니다. 그것은 아침 일찍 일어나 하는 1시간 30분의 산행(山行)입니다. 집에서 가까운 워커힐 뒤의 아차산에 날마다 일정한 시각에 오릅니다. 비가 오나 눈이 오나 매일 빠짐없이 산정까지 다녀와야 직성이 풀린다니, 그의 생활이 얼마나 규칙적이고 흐트러지지 않는가를 알 수 있습니다. 한 마디로 최 박사는, 타인에 대해서는 너그럽고 이해심이 많지만 자기 자신에 대해선 무척 엄격한 보기 드문 인격자라고 할 수 있습니다.

그렇기 때문에 그를 흠모하고 사랑하는 사람들이 이렇게 많이 모여 한 마음으로 그의 회갑을 경축하고, 그의 업적을 기리는 것이며 이것은 또한 학문과 사회발전에 기여한 바 큰, 한 모범시민에 대한 국민을 대표한 표창식이기도 한 것입니다.

구월산의 슬기로운 호랑이, 황찬호

관악 캠퍼스 인문관 2동 3층에 연구실을 가진 다른 교수들이 오늘 학교에 나왔는지 여부는 복도에서 우연히 마주치거나 연구실 문에 노크해 보거나 전화를 걸어보지 않고서는 알 길이 없다. 그러나 황찬호(黃燦鎬) 교수의 경우는 그런 절차가 필요 없다. 워낙 목소리가 커서 그가 복도에 도래하여 누구와 인사를 나누는 소리부터가 마치 구월산(九月山)의 호랑이(황 교수는 황해도 출신이다)가 바람을 몰고 와서 포효하는 것 같기 때문이다. 그 포효 소리를 들으면 학장실, 교수 휴게실을 비롯하여 3층 연구실에 있던 교수들은 집짐승처럼 몸을 움츠리고 숨을 죽인다.

그가 연구실에 있을 때에는 거의 언제나 문을 활짝 열어두므로 문이 닫혀 있기만 해도 지금 그는 부재중이거나 강의중이라고 보면 틀림 없다. 이 점은 지난 학기 말에 정년퇴임한 박시인(朴詩人) 교수가 항상 문을 안으로 걸어 잠그고 연구에 몰두하던 것과는 대조적이다. 황 교수는 박 교수의 그러한 버릇을 보고 희한하다는듯이 "왜 대낮에 문을 잠그고 그래? 마리화나를 만드나?"하고 농담을 한 적이 있다.

황 교수의 동료들이 그 방 앞을 그냥 지나가려다가도 문이 열려 있는 것을 보면 자연히 발길을 돌려 그의 방에 들르게 된다. 나 역시 자주 들른 것은 그 열린 문이 화장실 맞은편에 있는데다가 그에겐 사람을 끌어들이는 일종의 마력이 있어서 나도 모르는 사이에 그의 연구실 안으로 빨려들어가기 때문이다. 엊그제도 나는 노크 대신 헛기침을 하고 그의 방에 들어갔다. 동서고금의 책들이 벽 양면의 책장에 꽉 들어차 있는데 한쪽 책장 꼭대기엔 테니스 챔피언으로 받은 상패가 즐비하게 놓여 있다. 이것은 그가 학문과 스포츠를 겸비한 쌍권총잡이의 대가임을 한눈에 알 수 있게 해준다. 수도 꼭지가 손 가까이 있는데도 물을 안 줘서 시들어버린 꽃화분이 창가에 놓여 있고 책들이 어지러져 있는 책상 한구석엔 나폴레옹 코냑 한 병이 자랑스럽게 놓여 있어 그가 작은 일엔 신경을 쓰지 않는 애주가(愛酒家)임을 과시한다.

위에서 나는 그를 호랑이에 비유했지만 그는 나무였다면 오동나무일 것이고 새였다면 부엉새였을 것이다. 그는 오동나무잎처럼 도량이 넓고 부엉새처럼 지혜롭다. 또 만약 그가 악단에 있었다면 색소폰을 불었을 것이다. 다른 악기들에 비해 월등 우렁차게 정감이 풍부하고 호소력이 강하기 때문이다.

　내가 들어서는 것을 본 그는 나에게 거무튀튀한 호랑이상에 파안일소(破顔一笑)를 보내며 거구(巨軀)를 나에게로 돌린다.

　"황 선생, 정퇴하는 기분이 어때? 감개가 유량(有量)해?" 하고 나는 푹신한 소파에 앉으며 물었다.

　"정퇴가 뭐야? 아, 정년퇴임 말이군. 하기야 '불고기냉면'을 '불냉'이라고 하고 '리모트 콘트롤러'를 '리모콘'이라고 부르는 바쁜 세상이니까. 그래, 감개가 무량할 거 하나도 없어. 감개가 유량해."

　"황 교수는 인생을 달관한 사람이니까 나이가 차서 직장을 떠나는 심정도 담담할 거야."

　"어쩌면 내 맘을 그렇게 잘 알아? 담담하다 못해 덤덤한 심정이지. 인생은 시간 문제야, 10년만 지나봐. 현재의 우리 영문과 교수의 반은 정퇴했을 거야. 장 선생은 몇 해 남았어?"

　호탕하고 유머를 즐기고 때로는 냉소적이기까지 한 황 교수도 내면적으로는 감정이 몹시 여리다는 것을 그의 친구들은 알고 있다. 점심 때엔 으레 동료들과 어울려 택시를 타고 봉천동에 가서 식사를 하고 이어서 다방에 들러 한담하기를 좋아하던 그가 저번 마지막 학기엔 일체 나가지 않고 도시락을 싸가지고 오던 사실에서도 그것을 알 수 있다. 그의 그런 행동은 모교에서만도 30년을 지낸 교직 생활의 마지막을 장식하기 위해 시간을 아껴 강의 준비를 더 많이 하기 위해서였다.

또 지난번 영문과 사은회 때 내 옆에 앉았던 황 교수는 흐느껴 울기까지 했다. 이것이 마지막으로 사은회에 참석하는 거라면서 연거푸 소주를 들이켰고, "저렇게 똑똑한 아이들을 더이상 대할 수 없게 되었어"라면서 그는 눈물을 닦는 것이었다. 그는 그 졸업반 학생들을 가르쳤을 뿐만 아니라 그들과 제주도 수학여행도 같이 갔었다. 수학여행 때가 되면 학생들은 되도록 황 교수를 모시고 가기를 원한다. 그만큼 그는 학생들 사이에 인기가 좋았다. 그 한 가지 이유는 그의 풍성한 유머감각에 있다고 본다. 예컨대 그레엄 그린의 《권력과 영광(*The Power and the Glory*)》을 가르칠 때 그는 그 책에 등장하는 위스키 신부처럼 말하고 행동한다. 그의 두뇌는 미국 NBC TV에서 대담쇼를 진행하는 조니 카슨만큼이나 재기가 넘친다.

그는 젊어서부터 그랬다. 황 교수와 내가 30대에 같이 성균관대학에 교양영어 강사로 나가던 때였다. 우리는 서로 옆교실에서 강의를 했다. 여름날 오후라 내 클라스 학생들의 눈꺼풀이 무거워지기 시작했다. 그런데 황 교수의 클라스에서 학생들의 커다란 웃음 소리가 계속 터져 나왔다. 덕분에 내 학생들의 졸음이 달아났고 나는 내 수업을 제대로 진행할 수 있었다.

"이 사진 좀 봐" 하고 황 교수는 그의 책상 한구석에 아무렇게나 던

져두었던 작은 사진 한 장을 집어 나에게 넘겨 주었다. 그것은 그가 노태우, 정호영, 장세동, 김복동 씨 등 그 이름과 얼굴이 세상에 널리 알려진 고관대작들과 함께 야외의 연회석상에서 찍은 사진이었다.

그들은 모두 황 교수가 50년대 초반 육사(陸士) 교관 시절에 가르친 11기 졸업생들로서 지난 5월 스승의 날에 예년처럼 은사들을 초청하여 점심 대접을 했다는 것이다. 꿀과 인삼도 선물로 받았다고 했다. 그 사진을 보고 나는 우선 그들의 보은(報恩)의 정신을 갸륵하게 생각한다. 한편 그것은 황 교수의 스승상과 인간적인 매력이 그들로 하여금 해마다 그를 초청할 만큼 마음속에 깊이 새겨져 있다는 증거이기도 하다. 이 자리엔 못 나왔지만 현재의 국가원수도 이들처럼 11기생이란다. 만약 노 총재가 차기 대통령에 당선된다면, 황 교수는 대통령도 둘씩이나 길러낸 현대판 '국사(國師)'가 된다(!).

어쨌든 황 교수 말에 의하면 이들 11기 졸업생들은 모두 테니스를 잘 치는데 그들끼리 모든 테니스 클럽이 있다고 한다. 황 교수의 테니스 실력을 아는 그들은 은사에게 그 클럽에 가입해 줄 것을 간청했다.

"옛날엔 영어를 가르쳤는데 이번엔 테니스도 가르쳐? 하기야 사제동락(師弟同樂)도 좋겠지. 그래, 가입하기로 했어?"

"그런데 가입에 조건이 하나 있더라구. 부부 동반의 클럽이라면서 나더러도 부인을 데리고 나오라는 거야. 그래서 내가 뭐라고 했는지 알아? '호적에 없는 부인도 괜찮은가?' 했지."

그랬더니 그 옛 제자들은 폭소를 터뜨리며 "그건 안 됩니다"라고 대답했다는 것이다. 나는 같이 웃으면서도 그의 익살 뒤에 지혜가 번득이는 것을 보았다. 그는 무릇 정치나 권력보다는 인간관계를 소중히 여기고 공리(功利)에 초연한 철인의 기상을 가지고 있다.

들은 바에 의하면 황 교수는 목요회(木曜會)라는 테니스 클럽의 회장인데, 그것은 나이 지긋한, 문자 그대로 노련한 선수 친구들끼리 매주 한 번씩 모여 테니스를 즐기는 클럽이라고 한다. 그런데 그들이 쓰는 코트와 인접한 코트에선 젊은 어머니들이 테니스를 쳤다. 그녀들 역시 테니스 클럽 활동을 하고 있었으며 솜씨도 수준급이었다. 황 교수는 그녀들의 대표자에게 양쪽이 시합을 한번 해보자고 제의했다. 그러자 그쪽 회장은 자기네끼리 치겠다서 거절했다. 거절하는 것까진 좋았는데 황 교수는 여자들끼리 하는 소리를 엿듣게 되었다. 늙은 것들이 염치도 없다느니, 나이값을 못 한다느니 하는 따위의 말이었다. 황 회장은 그녀들이 들으라는듯이 예의 목소리로 포효했다. "테니스를 하자는 거지, 딴일을 하자고 했나? 무슨 생각을 했길래 그래?" 물론 그의 회원들은 일제히 소리내어 웃었다.

"정퇴하고 나면 뭘 할래?" 내가 묻자, 그는 여기저기서 전임대우 강사로 와달라는 청이 있다고 했다. 그 외에 일본 오사카의 모 대학에서도 교양영어를 일본말로 가르치는 전임으로 와달라는 청을 받았다고 한다. 그래서 곧 결정을 내려야겠다고 했다.

나는 구월산의 호랑이가 현해탄을 건너가지 않기를 바란다. 황 교수는 문학을 생활화하고 생활을 문학화한 드물게 보는 멋있는 위인이다. 그는 가끔 수필을 쓰지만 나는 그가 정년퇴임 후에 시간 여유가 많아지면 과거에 그가 그레엄 그린의 작품을 여러 개 번역할 때의 열의를 되살려 더 많은 수필을 써서 그의 지혜를 많은 사람들에게 나누어 주기 바란다.

서울대가 관악으로 이전해 온 후 잦아진 교우관계로 피차의 연구실에서 봉천동 삼미옥에서, 혹은 파티 석상에서 그가 한 말들 중, 그는 지나치는 말로 한 것이지만 나의 인상에 남아 잊혀지지 않는 것들이 적지 않다. 거기엔 남다른 지혜와 통찰력이 담겨져 있고 그 하나하나가 좋은 수필감이 된다고 생각되었기 때문이다. 여기에 그 몇 가지만 적어보기로 한다. 이것은 이를테면 '황찬호 교수 어록'의 일부다.

1. 세상엔 각양각색의 주의주장이 많지만 이것들은 숙명론에 비하면 유치한 소리에 불과하다. 숙명론이야말로 궁극적인 진리가 아닐까?

2. 우리는 생존이 아니라 생활을 해야 한다.

3. 나는 종교 이전의 종교를 믿는다.

4. 우리가 여행을 했다고 해서 그 장소를 모두 기억하는 것은 아니다. 어떤 종류의 것이건, 사건과 결부되었을 때 비로소 기억에 남는다.

5. 내가 좋아하는 명구(名句)의 하나는 그레엄 그린의 한 구절인 "Hatred is the absence of imagination"이다. 우리는 이조시대에 우리 조상이 적대자의 삼족(三族)을 멸한 수치스러운 상쟁사(相爭史)를 갖고 있다. 우리는 그런 옹졸한 증오심과 잔학성을 극복해야만 한다.

6. 상징주의—상징주의, 너무 그러지 말라. 헤밍웨이가 방귀를 뀌어도 무슨 상징이란 말인가?

7. 사랑의 문제에서 이상주의는 지존한 것이지만 관능주의 또한 불가결의 요소다.

8. 세상에 여체의 곡선미만큼 위대한 예술품은 없다. 그것은 차가운 조각품이 아니라, 온기가 서려 있는 생명체기 때문에 최고로 위대한 것이다.

9. 자발적인 사고와 창의성이 결여된 기계적인 일은 억만금을 준대도 나는 못 하겠다.

황 교수의 책장엔 그레엄 그린과 매슈 아놀드의 책이 많이 꽂혀 있다. 얼마 안 가서 이 연구실을 비우게 되리라 생각하면 서운한 감이 앞서는 것은 나 혼자뿐이 아닐 것이다.

황 교수는 평소에 그가 즐겨 강의하는 그린의 작품, 특히《권력과 영광》의 주인공 위스키 신부와 같이, 인간의 본능에서 빚어지는 여러 가지 죄를 저지르는 것에 대해서 참회를 하고 자신과 타인이 겪는 인간적 고통과 연민의 연단(鍊緞)과정을 거쳐 인간의 영적(靈的) 구원의 가능성을 추구하는 것으로 보인다.

황 교수는 아놀드의 이른바 속물근성에서 유래된 공리사상이나 기계론적 견해나 물질만능주의, 배금사상의 배제와 아놀드의 문화론이 핵심이 된 교양의 보급을 그의 사십여 년에 걸친 교육경력을 통하여 몸소 실천해 나간 진정한 교육자라고 할 수 있으며, 그런 의미에서 한국 영어영문학계에서도 특이한 공로자로서 길이 기억되리라 믿는다.

나의 은사 이양하 교수

　이양하(李敭河) 교수는 일견 중후한 인상을 풍기면서도 은근히 멋도 낼 줄 아셨다. 이를테면 계절의 변화에 민감하여 자주 옷을 바꿔 세련되게 입으셨고, 검은테 안경에 머리는 항상 오른쪽을 약간 빗어내려 이마 위에 드리우는 독특한 헤어스타일을 하고 계셨다. 어려움이 겹쳤던 초창기부터 서울대 문리대와 대학원 영문과를 이끌어가신 이 교수는 많은 인재를 배출시켜 이 나라 영문학계의 오늘이 있게 한 불후의 공헌을 하신 분이다.

　그러하신 은사가 작고하신 지도 벌써 스무 해가 지났다. 그런데도 그분에 대한 추모의 정이 해가 갈수록 더해지는 것은 후배양성에 바치신 그분의 정성이나 필자 개인에 대한 사사로운 은공뿐만 아니라 그분이 남기신 주옥 같은 수필과 낭만적인 시와 그토록 인간미 풍기는 멋 때문일 것이다.

그분은 과묵하셨고 약간 말을 더듬기는 했으나 그 한 마디 한 마디가 핵심을 찌르는 것이었다. 그리고 깊은 사념(思念)은 그분의 붓 끝에서 약동했고 정교하게 다듬어진 유려한 글로 나타났다. 국어교과서에 자주 실리는 〈나무〉〈신록예찬〉과 같은 수필이 그 좋은 예다.

이 교수는 평남 강서(江西)군 출신이시다(필자는 그 인접한 용강군이 고향이다). 평양고보(나중에 평양 2중으로 명칭이 변하였고, 필자의 모교이기도 하다)를 나오신 그분은 일본에 건너가 제3고등학교와 동경제대 영문과를 수석으로 졸업하여 금시계를 받았고 또 경도제대(京都帝大) 대학원을 수료하였다.

1934년에 귀국하여 연희전문학교에서 교편생활을 시작하였고 해방 직후 서울대로 옮겼다. 동경대 재학시에 영역한 우리나라 시가 영국의 문예지에 실리기도 했고 1937년 일본의 연구사(研究社) 간행의 《영미문학평전총서》에 영국시인 랜더(Landor) 편을 저술하여 일본에까지 명성을 떨치셨다. 그분은 또 1950년(서울수복 직후)부터 1957년까지의 긴 세월을 하버드 대학과 예일 대학에서 학술연구와 한영사전 편찬 등으로 보내다가 귀국한 지 겨우 5년 만에 회갑도 못 넘기시고 어이없이 타계하셨다.

생전에도 이 교수는 덕망이 높으셨다. 마음속 깊이 온정을 품으셨으며 항상 너그러우시고 좀처럼 화를 내는 일이 없으셨으나 필자는 그분이 화를 내시는 것을 두 번 보았다. 한 번은 그분의 연구실에서 대학원생들이 〈바이오그라피아 리테라리아(Biographia Literaria)〉를 돌려가며 읽는데 한 지방출신 학생의 발음이 너무 부정확했을 때, "앞으론 대학원생을 뽑을 때 반드시 읽히는 테스트를 해야겠소"라고 심하게 하신 말씀이 아직도 귓전에 울리는 것 같다.

또 한 번 그분이 화를 내신—아니, 분노하신 것은 6·25때를 회고하면서 공산당의 잔학성을 말씀하실 때였다. 이 교수는 기회만 있으면 기만과 억압과 비인도적인 만행을 예사로 저지르는 공산주의자들의 본성을 자유세계에 고발하려고 결심하셨던지, 영문으로 된, 15페이지에 달하는 호소력 넘치고 선견지명이 있는 그분의 〈반공선언문〉을 쓰셨다. 미국에 가시면 요로(要路)에 전파시키기 위해 썼던 것으로 짐작되나, 어쨌든 그 글이 국내에서는 그분의 유고집에 비로소 발표되었다.

고인의 1주기에 한정판으로 나온 그 책에는 그분이 번역하신 베이컨의 에세이 세 편도 들어 있는데 그 세 제목이 어쩌면 그렇게 그분의 생애를 잘 요약해 주고 있을까 하고 필자는 감탄한다.

이 교수는 종교를 갖지 않으셨으나 불교에 관심이 있으셨고 돌아가시기 직전에 기독교에 귀의했다. 그러나 그분이 서울대 부속병원 병실에서 암으로 돌아가시기 직전에 쓰신 〈무제(無題)〉란 짤막한 시는 너무나 여유가 만만하고 낭만적이어서 오히려 처절함이 느껴진다.

    땅땅고
    땅땅
    내 배는 땅땅 울리기 좋은
    땅땅고라.
    평양기생 날씬한 허리에
    걸치는 새 장곤들
    어디 이리 맵시있고 탱길소냐

레이너 교수와 나

한국과 영국의 외교관계수립 백 주년 기념일에 즈음하여 나는 우리나라 영문학 교육과 후진양성에 헌신적인 노력을 한 조지 레이너(George Rainer) 교수의 공로를 치하하고자 한다. 그는 한국외국어대학(1954~59)과 서울대학(1959~74)에서 도합 20년간 영문학을 열강하여 그에게서 배우거나 그를 아는 모든 사람들로부터 사랑과 존경을 받았고 그의 천직을 한국에서 끝낸 독보적인 영국의 문화사절이었다고 할 수 있다.

그는 1900년 셰익스피어의 생일인 4월 26일에 런던에서 태어났고, 영국 해군 제대 후에 일찌기 그의 군함이 기착했던 홍콩을 거쳐 중국에 들어가 중고등학교 영어교사로 시작하여 곧 대학강단에 섰다. 그는 항상 인기있는 교수였으며 중국인 교수, 학생들과 잘 어울렸다. 그러나 2차대전 직후 중국대륙의 공산혁명의 와중에서 그가 재직하고 있던 무한대학에서 그의 중국인 동료교수들이 공산당에 의해 무참히 총살되는 것을 본 그는 더이상 그 나라에 머무를 수 없었다. 그래서 20년 만에 귀국하여 런던에 체재하며 한국외국어대학에 초빙되어 올 때까지 1년간 그는 런던 대학에서 연구하였다. 정식 대학교육을 받지 않는 그에겐 이것이 그가 받은 유일한 대학 학력이라고 할 수 있는데, 그는 대학을 나오지 않고 순전히 독학과 교육경험으로 우수한 교수가 된 소수의 한 사람으로 꼽을 수 있을 것이다. 그것은 보통의 지능과 면학심과 인내력을 가지고는 가능한 일이 아니다.

레이너 교수는 20대에 중국계 영국 여자와 결혼하여 슬하에 1남1녀를 두었으나 그 후 부인과 이혼하고 줄곧 독신으로 지냈다. 아들은 그 후 런던 대학 요업과 교수가 되었고 딸은 호주에 산다고 했다. 노령으로 서울대학에서 은퇴한 후에 그는 딸의 집으로 갔다.

레이너 교수가 서울대학으로 옮겨왔을 때 그와 나(그 당시 나는 젊은 조교수였다)는 마치 전생에 인연이나 있었던 것처럼 금세 가까와졌고 그를 집에 초대하기도 하고 또 문리대 구내에 있던 그의 관사를 내 집 드나들 듯 했다. 그는 관사에 곁들여 사는 집 아주머니가 해주는 한국식 식사를 했으나 이따금 양식도 먹고 또 간혹 과거에 즐기던 중국요리를 시켰고 또 OB맥주를 몹시 좋아했다. 그는 실용적인 한국어 — 이른바 functional Korean — 를 익혔으며 한글도 한문처럼 제법 잘 썼다. 그의 나들이는 주로 광화문의 범문사 또는 국제서림에 신간서적 사러 가는 것과 동대문 시장을 구경삼아 다니면서 문방구를 사는 일이었다. 문방구를 사는 것은 그의 취미였고 그와 몇 번 동행하는 동안 나도 그의 취미를 배우게 되었다.

'영국인의 가정은 집마다 성을 쌓고 있다'라는 속담이 있듯이 영국인은 각자가 개성대로 살기로 유명하지만, 레이너 교수도 그런 의미에서 영국인다운 개인주의자였다. 도서관과도 같은 그의 서재에 꽉 찬 책들(그 중엔 한서도 적지 않다), 그 책마다의 표지 안쪽에 '임눌장서(任訥藏書)'라는 큼직한 도장이 찍혀 있다. '임눌(任訥)'은 그의 중국 시절부터 사용해 온 한자 이름이다. 그는 영국 왕조의 수많은 왕 이름을 구구단 외듯이 쉽게 외어 나를 놀라게 하는가 하면 책상머리의 항아리에 기독교 의식에 사용되는 마른 종려나무 잎을 꽂아두고 침대머리엔 작은 불상이 놓여 있어서 그의 종교관에 대해서도 나를 놀라게 했다. 혼자 사는 그는 여러 모로 로빈슨 크루소 같은 면모가 있었고 개를 좋아하는 것 역시 그랬다.

서재에서의 그의 주된 관심사의 하나는 조이스의 대작 《율리시즈(Ulysses)》에 상세한 주석을 붙이는 일이었다. 해박한 지식을 가진 그는 방대한 양의 세밀한 작업을 진행시키기에 적임자였다. 이 작업에 흥미를 가졌던 이재호, 김동건, 이경식 등의 대학원생들이 그의 특별 지도를 받았다. 그들은 지금 각기 성균관대학, 고려대학, 서울대학의 교직에 있는데, 이 중에서 김 교수는 《율리시즈》를 우리말로 옮겼다. 이들 외에도 그의 강의를 거친 현역교수의 수는 대단히 많다.

레이너 교수의 강의는 영문학개관, 셰익스피어, 조이스, 영국 낭만시 등이었으며 표준적인 영국 영어를 쓰는 낭랑한 음성의 그의 강의는 학생들을 매료시켰다. 몸집이 큰 그는 안경을 쓰지 않을 만큼 눈이 좋았고 영국인다운 유머 감각도 풍부하여 학생들을 자주 웃겼다.

그러나 중국에서 목격한 공산혁명의 악몽을 떨치지 못하고 있던 그는 한국의 혼란스러운 정치정세에 대해서 그것이 이를테면 좋은 포도주를 빚기 위한 발효과정이길 바란다고 하면서도 내심 불안해했고, 특히 연례행사처럼 일어나서 학업 진행에 막대한 지장을 주는 학생 데모에 짜증을 내기도 했다. 그가 한국을 떠나기 전 학기에도 데모로 인해 휴강 사태가 오래 계속되었다. 학생들로서는 별로 강의를 듣지 않고 성적을 받아야 했으므로 한 과대표가 레이너 교수를 찾아가 시험 대신 레포트로 내게 해 달라는 청을 했다. 그러자 그는 레포트의 제목을 주었다. 그 제목이 볼 만했다. 〈너희 대학은 왜들 그러느냐? (What's the Matter with your university?)〉 라는 것이었다.

그 학기가 끝난 후에 레이너 교수는 동료들과의 석별의 정을 나누면서 그가 좀더 평온하게 노후를 보낼 수 있는 호주로 갔다. 그는 그의 생애의 대부분인 40년을, 격동하는 아시아의 두 나라에서 자기 나라의 문화를 심는 일에 바쳤다. 적어도 우리나라에 관한 한 그의 업적과 발자취는 길이 남을 것이다.

떠날 때 기념물은 피크닉 갔을 때 같이 찍은 사진 한 장과 다년간 사용해서 손때가 묻고 표지도 망가진 《영문학 개론》 책, 그리고 자신의 애송시라면서 그가 내게 준 나에게 써준 17세기 영국 시인 로버트 헤릭의 시 한 편이다. 그 시를 내게 줄 때 그의 얼굴엔 유머가 번득였던 것을 상기하며 그 시를 우리말로 옮겨 본다.

소녀들에게 주는 충고

장미 봉오리를 모을 수 있는 동안 그것들을 모으라.
세월은 예나 지금이나 계속 날아가니
오늘 미소짓는 바로 이 꽃이
내일이면 지리니.

하늘의 영광스러운 등불인 해가
높이 오르면 오를수록
그의 경주는 곧 끝날 것이고,

일몰에 더 가까와지리니.

젊음과 피가 따뜻한
첫 시절이 가장 좋고,
그것이 지나면 더 나빠지고
가장 나쁜 시절이 잇따르리.

그러니 수줍어 말고 시간을 활용하라.
그리고 결혼할 수 있을 때 하라.
청춘을 한 번 잃어버리면
너희는 영원히 기다려야 하리.

Counsel to Girls

Gather ye rose-buds while ye may,
Old time is still a-flying:
And this same flower that smiles to-day,
To-morrow will be dying.

The Glorious Lamp of Heaven, the Sun,
The higher he's a-getting
He sooner will his Race be run,
And nearer he's to Setting

That age is best which is the first,
When Youth and Blood are warmer:
But being spent, the worse, and worst
Time's still succeeds the former.

Then be not coy, but use your time:
And while ye may, go marry:
For having lost but once your prime,
You may for ever tarry.

회갑기념 논문집 증정식 답사

인간의 조건

장왕록

 지금 이 자리에 서서 저는 복을 많이 받은 사람이라고 생각되어 하느님께 감사드리고 싶은 심정입니다.

 금년 봄에 서울대 영문과 출신의 몇몇 교수들이 발기인이 되어 저의 회갑을 기념하는 논문집을 내겠다면서 저의 의향을 물었을 때 저는 주저했었습니다. 그야 회갑기념논문집을 받는다는 것은 교수직에 있는 사람에겐 크나큰 영광인 줄 모르는 바 아니었지만 왜 그런지 좀 어색하고 실감이 나지 않았기 때문입니다. 또 많은 사람들에게 폐가 될까 두렵기도 했습니다. 그러나 저는 곧 생각을 고쳐먹고 추진시키는 데 동의했습니다. 발기인들의 뜻이 고마울뿐더러 무엇보다도 회갑이 계기가 되어 우수한 필진(筆陣)에 의한 새 논문집이 한 권 나올 수 있다면 그것은 우리 학계를 위해서도 매우 바람직한 일이라고 생각되었기 때문입니다. 그리고 그 동안 양동휘, 전상범, 박희진, 김인숙, 이병건,

석경징, 황적륜, 심명호, 김길중 교수들로 구성된 간행위원회가 집필 청탁을 하여 80여 편의 원고를 모아 정성들여 만들어 오늘 이렇게 천 3백 페이지에 달하는 큰 책으로 나왔습니다. 양적으로 방대할 뿐만 아니라 질적으로도 훌륭한 논문집이라고, 보는 사람마다 칭찬하고 있습니다. 더욱이 서울사대, 인문대, 대학원 졸업생들뿐만 아니라 타교에 근무하는 몇몇 동료 교수들이 찬조기고해 주셨고 또 제가 사귄 외국의 석학들이 특별기고해 주셔서 이 논문집을 더한층 돋보이게 해주고 있습니다. 이 책을 만드는 데 기여하신 모든 분에게 감사드립니다. 그리고 저를 위한 이 기념논문집 증정식을 빛내 주시기 위하여 우중(雨中)에도 일부러 나와주신 친구들 여러분께 감사드립니다.

또한 사회에 진출하여 각 분야의 일선에서 활약하고 있는, 제가 자랑스럽게 생각하는 졸업생들이 많이 나와 주어서 반가운 마음 한량이 없습니다. 저는 이렇듯 성대한 식전을 갖게 된 큰 영광을 특히 세 분의 선생님께 돌리고 싶습니다. 서울대 문리대와 대학원 영문과 시절의 은사이신 권중휘 선생님과 나이 서른에 사대에 전임으로 부임한 미숙한 저를 여러 해 동안 잘 이끌어주신 이종수 선생님과 피천득 선생님 이렇게 세 분입니다. 이 분들이 이 자리에 나오셔서 과분한 축사까지 해주셨으니 송구스러울 따름입니다. 이것만으로도 발기인들에게 회갑기념 논문집을 만들도록 동의한 것은 백 번 잘한 일이라고 생각

됩니다.

제가 아까 회갑 논문집을 받는 것이 좀 어색하고 실감이 나지 않았다고 말씀드린 것은 제가 벌써 예순이 되었는가 하고 의아스럽게 여겨졌기 때문이었습니다. 아마 그것은 반드시 회갑이 아니라도 누구나 이따금 자신의 나이에 대해서 느끼는 감정일 것입니다. 특히 학교생활이란 단조로워서 통근차를 타고 왔다갔다하면 한 학기 지나가고 방학이 되고 또 한 학기 지나고 방학이 되고 이렇게 반복되는 동안에 관악 캠퍼스의 잔디는 푸르렀다 누래지기를 되풀이하는 가운데 마치 기차가 궤도 위를 달리듯 세월은 거침없이 달려갑니다. 특히 책을 읽고 글을 쓰는 데 재미를 붙인 사람은 세월이 지나는 것을 의식하지 못하는 듯합니다.

정말 부지불식간에 시간이 흘러갑니다. 《논어》의 〈술이 편(術而篇)〉에 이런 말이 있습니다.

> '섭공(葉公)이 자로(子路)에게 공자(孔子)는 어떤 사람인가 물었는데 자로가 대답하지 않자 공자가 자로에게 이렇게 말하지 않았느냐? 그 사람으로 말하면 학문에 발분하여 식사를 잊고 학문을 즐김에 근심을 잊어 늙어가는 것조차 알지 못했다(其爲人也 發憤忘食 樂而忘憂 不知老之 將之云爾).'

공자님과는 까마득한 거리에 있는 저이긴 하지만 그렇게 말씀하셨을 때의 그 분의 심정만은 충분히 이해할 수 있을 것 같습니다.

일찍이 대학 시절에 저는 사무엘 존슨 작《애비니시아의 왕자 라셀러스》를 읽고 깊은 감명을 받았었습니다. 간단히 말해서 행복의 골짜기에 갇혀 살던 왕자가 그곳에서의 단조롭고 안일한 생활이 지겨워서 좀더 보람 있는 다른 직업을 택하기 위해 누이동생과 철학자를 대동하여 몰래 골짜기를 빠져나갑니다. 그러나 그들은 세상을 두루 돌아다니면서 온갖 직업을 관찰하고 겪어보곤 했으나 그 어느 직업도 고생스럽기만 하고 만족을 주지 못하여 결국 그 지겨운 골짜기로 돌아옵니다. 이 세상에서 삶의 선택이 얼마나 어려운가를 말해 주는 이야깁니다. 그러나 제가 택한 직업은 저의 적성에 맞을 뿐만 아니라 저의 삶을 보람있게 해주었습니다. 그것은 로마의 시인 호레이스가 문학의 이상으로 말한 바 "즐거움을 주고 유익한 것(dulce et utile)"이었기 때문입니다. 저의 학생들이 모두 우수하여 졸업 후에 각 방면에서 저를 훨씬 능가하는 활동을 하고 있는 것을 볼 때 더한층 그렇게 느껴지는 것입니다.

이창배 교수와 황찬호 교수의 축사에서 저의 체력을 너무 치켜올린 것 같습니다만 제가 만약 제 나이의 보통사람 이상으로 젊어 보인다면 그것은 저의 낙천성과도 관계가 있을 것입니다. 솔직히 말해서 저라고 해서 남만큼 어려움과 불운을 겪지 않은 것은 아닙니다. 1남 5녀를 기르자니―참 이 중에서 아들과 세 딸이 현재 미국에 살고 있기 때문에 이 자리에 나와 여러분께 인사를 드리지 못하여 죄송합니다.―여러분도 잘 아시겠지만 가지 많은 나무에 바람 잘 날이 없다는 속담도 있듯이 문제와 걱정거리가 꼬리를 물고 일어납니다. 그러나 저는 그러한 상황을 우리가 나이를 먹는 것과 마찬가지로 '인간의 조건'으로 돌립니다. 우리가 인간에게 부여된 불가피한 조건을 당연한 것으로 받아들이고 비록 그것이 가슴 아픈 것이라 할지라도 그것으로 인해 지나친 번뇌를 하지 않기로 한 것입니다. 우리 의지의 힘에 의해서 삶의 괴로움을 최소한도로 국한시키고 반대로 삶의 즐거움을 극대화시키는 것입니다.

삶에 대한 그러한 태도는 우리 모두에게 바람직하다고 생각합니다. 그것은 우리의 건강에도 유익하고 일을 추진시키는 힘을 솟게 하고 건설적인 사회발전에도 공헌하게 됩니다.

저의 회갑기념논문집에 참여한 필자들과 그리고 이 자리를 이처럼 크게 빛내 주신 여러분들에게 다시금 깊은 사의를 드리고 건강과 행복과 장수를 기원합니다.

우보 장왕록 교수를 말한다

이창배(전 동국대 영문과 교수, 수필가)

　장왕록 교수의 아호가 우보(又步)인 것을 알고 있는 사람은 거의 없었을 것이고, 이 아호를 보고서 독자들은 장 교수에게도 아호가 있었는가 하고 생각했을 것이다. 장 교수에게 아호는 평생 맨머리로 다니던 사람이 어느 날 느닷없이 모자를 쓰고 나타난 것같이 어쩐지 어색하게 느껴지는 사람도 있을 것이다.
　장 교수가 아호를 지은 것은 순전히 이 회갑논문집에 쓰기 위한 것이고, 아호를 짓는 과정에서 나도 한몫 끼었었지만, 그것은 결국 본인의 작품이다.
　나는 장 교수의 작명 청탁을 받고 서원(瑞原)이란 이름을 제안했지만 받아들여지지 않았다. 내가 서원이라고 지어본 것은 '瑞' 자를 좋아하는 본인의 의향을 살려서, 상서로운 들판을 뛰어 돌아다니는 사슴이나 노루 같은 젊고 싱싱한 이미지가 어쩐지 장 교수에게 잘 어울린다고 생각했었기 때문이다.

'又步'는 글자 그대로 걷고 또 걷는다는 뜻이다. 장 교수는 걷기를 좋아하고, 아침부터 밤까지 걷고 있는 자신의 이미지를 '우보'라는 아호에 담고자 한 것은 정확한 자기 파악이며, 이 아호로써 그는 백 점짜리 자화상을 그린 결과가 되었다.

장 교수의 프로필은 걷고 있는 모습으로 표현할 수 있다. 그의 훌륭한 미덕 중의 하나가 자기 자랑을 하지 않는 것이지만 단 한 가지 예외가 있다. 그것은 걷는 재간의 자랑이다. 그는 걷기를 좋아할 뿐더러 빨리 걷는다. 장 교수하고 같이 걸어본 사람은 알겠지만, 어떤 때는 함께 걷다가 옆에 가고 있으려니 하고 둘러보면 어느새 저만큼 앞에서 이미 골목으로 접어들고 있는 뒷모습을 보게 된다.

우리 영문학 교수들 사이에 두 사람을 둘러싼 신화적인 얘기가 있다. 서강대 김용권 교수의 팔의 힘과 서울대 장왕록 교수의 다리의 힘에 관한 것이다.

김 교수는 팔굽혀펴기를 백 번이고 이백 번이고 해도 처음부터 끝까지 변함없이 마치 종잇장이 팔랑팔랑하듯이 언제까지나 계속할 수 있다고 한다. 한편 장 교수는 아무리 높은 계단이라도 이가 잘 맞아 돌아가는 톱니바퀴처럼 아무런 신체적 부담이 없이 올라갈 수 있다는 것이다. 이삼백 계단 되는 높은 계단을 올라가다가 밑을 내려다보면 같이 올라오던 젊은 학생이 저 밑에서 헐떡거리며 따라오고 있기가 일 쑤라는 얘기를 곧잘 한다.

나도 우보와 동갑이지만 우리 같은 약질들에겐 그저 부러운 얘기다.

장 교수가 잘 걷는 것은 그의 다리의 힘이 아니라 실은 몸 어느 한 구석에도 허점이 없다는 증거이다. 그는 천부의 건강체를 가지고, 걷고 걸으며 사람을 만나고, 일을 한다.

흐르는 물이 썩지 않듯이 쉬임없이 걸으며 일하는 장 교수에게는 권태와 정체가 없다. 그와 마주 앉아보면 그 초롱초롱한 두 눈에는 언제나 싱싱한 생기가 돈다. 수줍음이 약간 어려 있으면서도 재기 넘치는 그의 눈동자가 반짝거릴 때에 그는 머릿속에서 이미 앞으로의 행동 세계를 더듬고 있는 것이다. 그는 행동에서 적어도 두 단계 혹은 세 단계는 남보다 앞서는 것 같다.

'행동을 먼저, 생각은 나중에'는 미국인의 생활철학이다. 장 교수가 영국 문학을 전공하다가 미국 문학으로 전향하게 된 것은 아마 그의 성향에 맞는 선택이었을 것이다. 그는 명상과 고뇌에 가라앉는 체질이 아니어서 주저와 좌절의 안개에 덮이는 일이 없이, 언제나 밝고 언제나 날렵하다.

일과 새로운 것을 찾아서 부지런히 뛰는 장 교수에게서 우리는 전형적인 현대 도시인의 모습을 보게 된다. 그에게는 동양의 무위(無

爲)와 한거(閑居)의 느슨한 철학이 기질에 맞지 않는다. 그가 쓴 어느 수필에서, 그는 일요일 하루를 무료하게 보낸 괴로움을 말한 일이 있다. 그 글에서 장 교수는 《과자와 맥주》에 나오는 로지처럼 아무 일도 하지 않고 소일하는 능력이 없음을 스스로 인정하면서 "나는 일거리와 자극이 있는 생활이 좋은 전형적인 도시인임에 틀림없다"고 술회하고 있는 것이다.

이제 인생 60에서 생애의 한 단계를 마무리지으려고 하는 장 교수는 쉼없이 최선을 다하며 살아온 한평생을 돌이켜 보면서 사뭇 흐뭇한 보람을 느낄 것이다.

그는 내년이면 서울대학교 근속 30년이라 한다. 한국 영어영문학회의 역사가 금년으로 30년인 것을 생각할 때에, 그는 한국의 영문학연구와 교육의 산 역사고, 그것을 끌고 온 주역 중의 한 사람이다. 전국 각 대학의 소장 중견 교수 중의 상당수가 자기의 제자인 것만을 생각할 때에도 그는 한평생을 보람있게 살았다고 자부할 것이며, 그것만이 아니라, 그가 남긴 수많은 번역서와 저서를 생각할 때에는 더욱 가슴 뿌듯한 만족을 느낄 것이다.

한국 영문학자들이 그 동안 한 일 가운데 중요한 업적이 영미문학 작품의 번역이다. 이 번역서 중에서 50여 권이 장 교수의 번역이고, 그를 통하여 펄 벅, 헤밍웨이, 헨리 제임스, 존 업다이크, 토마스 울프,

서머셋 모옴, 윌리엄 포크너 등이 한국의 독자에게 소개되었고, 작품 수로 말하더라도 수백 편의 작품이 그를 통하여 이 땅에 소개되었으니 그것은 참으로 경탄할 만한 업적이다. 그에 대한 공로로 받은 몇 개의 상들 중엔 1979년도에 국제 펜클럽 한국본부가 수여한 '한국번역문학상'도 있다. 특히 헨리 제임스는 장 교수의 주된 전공분야로서, 제임스에 관한 논문은 서울대학교 문학박사 학위 논문을 위시하여 여러 편 나와 있다.

  이 기념 논문집에 실려 있는 역서·저서·논문의 목록을 보는 사람들은 우선 그 업적이 양적으로 방대함에 놀랄 것이다. 보통사람의 열 배에 해당하는 일을 했다고 해도 과언은 아니다. 그것은 그가 그만큼 부지런하다는 것과, 그만큼 머리의 회전속도가 빨라서 남이 글을 한 줄 쓸 때에 그는 두 줄 석 줄을 쓸 수 있을 만큼 두뇌가 명석하다는 것을 보여주는 증거다.

  장 교수에게는 많은 학문적 업적 이외에서 《찰스 강의 철새들 (*Migrating Bird on the Charles River*)》이라는 창작집이 있다. 12편의 단편소설과 3편의 단막극과 4편의 에세이로 구성된 이 영문창작집은 작가로서의 장 교수의 면목을 보여주는 또 하나의 흥미있는 자료다. 장 교수가 창작을 한다는 것이 별로 알려지지 않은 까닭은 그가 영어로 작품을 써서 《코리아 타임즈》, 《코리아 저널》 같은 영문지에 그것을 발표했기 때문이다.

장 교수가 작가 수업을 한 것은 1950년대 후반에 아이오와 대학에서 폴 엥글 교수가 지도하는 창작 워크숍에 참가한 때부터다. 그때 이래 그가 틈틈이 작품을 써서 발표한 것을 추린 것이 360페이지나 되는 창작집으로 나온 것이다.

영문학 교수들은 평생을 영어와 더불어 살고, 문학작품을 다루면서 산다. 그러니까 영어를 잘 구사할 수 있어야 하는 것은 영문학 교수들의 제일차적인 조건이고, 창작에 손을 대보고 싶은 것도 그들 누구나 갖는 욕망이다. 그러나 영어의 구사능력이나 창작능력을 함께 갖추는 일이 과히 쉬운 일이 아님을 우리는 잘 알고 있다. 그런데 우리의 장 교수는 그 두 가지 능력을 충분히 과시하였으니, 그것은 그가 자신이 하고 싶은 일은 무엇이든지 할 수 있는 부지런함과 능력을 갖추었음을 말한다. 그가 작품을 우리말로 써서 본격적인 작가의 길을 걸었더라면 그 방면에서도 이름을 떨쳤을 것인데, 그러지 않은 까닭은 내가 생각컨대 아마 한 가지 일에 전념하기 위하여 다른 일을 소홀히 함으로써 매일매일의 일상적인 기쁨을 희생하고 싶지 않았기 때문이었을 것이다.

장 교수는 늘 말하기를 자기에게는 특별한 야심이 없다고 한다. 그가 말하는 야심이란, 어떤 큰 것, 가령 대학자든지, 대작가라든지 큰 감투 같은 것을 말하는 것이니까 그의 말은 옳은 말이다. 그는 늘 현재의 입장에 만족하는 사람이다. 과분한 욕심과 큰 야망의 성취를 위하여 수도자와 같은 인내와 각고와 희생의 생활이 체질에 맞지도 않고, 흥미도 없는 것이다. 그는 몸에 맞지 않는 큰 제스처나 이상한 폼을 취하는 사람들의 그 구역질나는 위선을 모르는, 자기 자신에게 매우 정직하고 순진한 학자다.

그가 지금 맡고 있는 한국 영어영문학회의 회장직은 분명 큰 감투긴 하지만, 그것은 자기가 바라서 된 것이 아니라, 말하자면 회원들이 씌워준 감투다. 그러나 보다시피 일단 책임을 맡으면 남 못지 않는 잠재력을 발휘한다. 학회에 의한 《영미문학대사전》 편찬을 계속 추진시키고 학회 30주년 기념행사를 빛내기 위해 외국의 석학들을 초청하여 국제학술회의를 성황리에 개최한 것도 그 하나의 예다.

내가 아는 한, 그가 서울대학교에서 영문학과의 학과장직을 맡은 것이 대학에서의 유일한 보직이었을 것이다. 장 교수에게는 그런 세속적인 명예보다는 오늘 부지런히 움직이며 살아가는 것이 실속있는 즐거움일 뿐이다.

그는 내일의 큰 일과 꿈 같은 것을 추구하느라고 고민하고 좌절하고 허탈에 빠지는 사람들이 소홀히 하는 '오늘'의 소중함을 알고 있다. 오늘에 최선을 다하고 슬기롭게 살아감으로써 그는 가정의 행복을 도모하고 직장과 사회에 이바지하는 것을 낙으로 삼는 사람이다.

이제 잠시 발을 멈추고 걸어온 길을 되돌아보는 우보 선생에겐 미진한 것도 후회스러운 것도 없을 것이고, 다만 가던 길을 또 부지런히 가야겠다는 생각뿐일 것이다. 걷고 또 걸어가는 우보 선생의 발길이 언제까지나 가볍고, 생기나는 그 눈동자엔 전과 다름없이 언제나 기쁨이 충만되어 있기를 빌 뿐이다.

■ 장왕록 박사 연보

1924. 2. 24	평안남도 용강군 서화면 백복리에서 장한준씨의 삼남으로 출생
1931. 4 - 1937. 3	서화보통학교
1937. 4 - 1942. 3	평양제이중학교
1943. 4 - 1945. 3	경성제국대학 예과문과
1945. 9 - 1948. 8	서울대 문리과대학 영문학과(문학사)
1948. 9 - 1950. 5	서울대 대학원 영문학과(문학석사), 대학원재학중 경기중학교사
1950. 10 - 1953. 3	미극동공군 한국본부 번역과장
1953. 4 - 1955. 3	서울대 문리과대학 강사, 이화여고 교사 겸직
1955. 4 - 1956. 8	서울대 사범대학 대우조교수
1956. 9 - 1962. 8	서울대 사범대학 조교수
1957. 1 - 1958. 8	Smith - Mundt 장학금으로 미국 Iowa 대 대학원에서 수학 (문학석사)
1962. 9 - 1965. 2	서울대 사범대학 부교수
1965. 3 - 1975. 2	서울대 사범대학 교수
1974. 2	서울대에서 문학박사학위수여
1975. 3 - 1985. 4	서울대 인문대학 교수
1975. 8 - 1976. 6	미국 Harvard 대 대학원에서 연구(Fulbright Senior Program 및 Harvard-Yenching Grant), 중남미여행(1975. 5)
1976. 6 - 1976. 8	귀국길에 British Council Program 으로 London에 1개월 체제 후, 프랑스, 독일, 스위스, 이탈리아, 그리스 등 유럽 명국과 태국, 홍콩, 대만, 일본 등지 여행
1975. 6 - 1977. 5	한국 영어영문학회 부회장

1983. 5 - 1985. 4	한국 영어영문학회 회장
1987. 7	한국 호손학회 창설
1987. 7 - 1989. 7	한국 호손학회 초대 회장
1988. 9 - 1994. 2	한림대학교 영문학과 교수
1989. 5	한국 마크 트웨인학회 창설
1989. 5 - 1991. 5	한국 마크 트웨인학회 초대 회장
1993. 7	한국 헨리 제임스 학회 창설
1993. 7 - 1994. 7	한국 헨리 제임스 학회 초대 회장
1994. 7. 17	강원도 속초에서 수영중 심장마비로 타계

수상

1966. 10	교육공로표창장(서울대 총장)
1970. 11	한국문학번역상(코리아 타임즈),
	수상영역작품 *Trees on the Cliff* (황순원 작 〈나무들 비탈에 서다〉)
1976. 12	한국문학번역상(코리아 타임즈),
	수상영역작품 "The Night He Came Late" (황순원 작 〈그날의 지각〉)
1979. 12	한국번역문학상(국제 P. E. N 클럽 한국본부)
	수상 번역작품 〈대사들〉(Henry James: *The Ambassadors*)
1981. 5	교육공로표창패(서울특별시교육회)
1989. 2	국민훈장 모란장(대통령)
1991. 6	Thornton Wilder Award (Columbia University, NewYork)

■ 주요 저서

역서

《한국에서 온 두 처녀》(Pearl Buck), 학우사, 1953.
《숨은 꽃》(Pearl Buck), 민중서관, 1955.
《오라, 내 사랑》(Pearl Buck), 수도문화사, 1957.
《영원한 사랑》(Pearl Buck), 범문각, 1957.
《괴상한 사람들》(Sherwood Anderson), 양문사, 1959; 삼중당문고, 1977.
《자랑스러운 마음》(Pearl Buck), 양문사, 1960; 개제《자랑스러운 여인》, 삼중당, 1977.
《대지》(Pearl Buck), 삼중당, 1960; 정음사, 1974.
《여인의 전당》(Pearl Buck), 정음사, 1960.
《아들들》(Pearl Buck), 삼중당, 1961; 정음사, 1974.
《분열된 일가》(Pearl Buck), 삼중당, 1961; 정음사, 1974.
《하녀 제시카》(Pearl Buck), 삼중당, 1962.
《갈대는 바람에 시달려도》(Pearl Buck), 삼중당, 1963.
《그대 다시는 고향에 못 가리》(Thomas Wolfe), 정음사, 1963; 삼중당, 1977.
《순교자》(Richard Kim), 삼중당, 1964.
《생활의 예지》(Harry Golden), 탐구당, 1964.
《성곽》(Pearl Buck), 여원사, 1965.
《모음단편선집》(Somerset Maugham), 2권, 민중서관, 1966; 삼중당, 1977.
《냉혈》(Truman Capote), 형설출판사, 1966.
《오후의 죽음》(Ernest Hemingway), 휘문출판사, 1976
《정오》(Pearl Buck), 민중서관, 1967.

《새 해》(Pearl Buck), 민중서관, 1968.
《부부(夫婦)들》(John Updike), 상지문화사, 1969;
    개제 《커플즈》 2권, 여원문화사, 1979.
《섹서스(Henry Miller), 정음사, 1969.
《양마담의 세 딸》(Pearl Buck), 문예출판사, 1969.
《비둘기 깃털》(John Updike) 《현대문학》 4월호., 1971.
《죽음의 벼랑에서》(William Malliol), 일신사, 1972.
《그리스 로마 신화》(Edith Hamilton), 문예출판사, 1972.
《미국문학사》(Robert Spiller), 일신사, 1973.
《이 하늘 아래》(Pearl Buck), 덕문출판사, 1973.
《그리스 로마 신화》(Thomas Bulfinch), 삼중당, 1975.
《인간의 굴레》(Somerset Maugham) , 청림사, 1975.
《달과 6펜스》(Maugham), 삼성출판사, 1976.
《암흑의 오지》(Joseph Conrad), 삼성출판사, 1976; 삼성문화문고, 1984.
《추운 나라에서 온 스파이》(John Le Carré), 심명호 공역, 삼중당, 1978.
《미국단편걸작선》(Hawthorne 외), 중앙신서, 1978.
《카프카의 친구》(Isaac Singer), 수문서관, 1978.
《대사들》(Henry James), 삼성출판사, 1979.
《쇼샤》(Isaac Singer), 청감문화사, 1979.
Trees on the Cliff: A Novel of Korea and Two Stories (황순원 작 〈나무들 비탈에 서

다〉, 〈소나기〉, 〈이 날의 지각〉), New York: Larchwood Publications, Ltd, 1980.
《뿌리》(Alex Haley) 3권, 삼중당문고, 1980.
《폭탄 파티》(Graham Greene), 삼중당, 1980.
《천사의 분노》(Sidney Sheldon), 전예원, 1981.
《바람과 함께 사라지다》(Margaret Mitchell), 5권, 삼중당문고, 1981.
《쿠죠》(Stephen King), 삼중당, 1982.
《이자벨, 내 사랑》(Samuel Kim), 우석, 1982.
《압살롬, 압살롬!》(William Faulkner), 학원사, 1982.
《곰》(William Faulkner), 학원사, 1982.
《This Paradise of Yours》(장영희 공역), Crescent, California, 1985.
《스칼렛》, (Alexandra Ripley, 장영희 공역), 교원문고, 1992.
《여자의 선택》(William Somerset, 현광식 공역), 대학출판사, 1993.
《영문학 개론》(공역), 신아사, 1994.
《살아있는 갈대》(Pearl Buck, 장영희 공역), 동문사, 1995.

저서 및 편저

《대지의 신화-펄 벅의 인간과 작품》, 한무숙 공저, 신구문화사, 1960.
《에덴의 연가- 서구 문인들의 사랑의 편지집》, 여학생사, 1960.
《헨리 제임스의 소설기법》(박사학위논문), 일신사, 1974.

《영문학사》(Davin & Mulgan 공저의 번역 · 해설과 노트), 삼성출판사, 1981.
《영미산문 Ⅰ》(방송통신대학), 박시인 공편, 서울대 출판부, 1983.
《미국소설》(방송통신대학) 천승걸 공편, 서울대 출판부, 1984.
《비평의 시선》(영미문학논문집), 탑출판사, 1984.
《*Migrating Birds on the Charles River*》(영문창작집), 동아출판사, 1984.
《가던 길 멈추어 서서》, 우석출판사, 1989.

주해서

Pearl Buck, *The Living Reed*, 삼중당, 1963.
     The New Year, 성문각, 1969.
Richard Kim, *The martyred*, 삼중당, 1966.
     The Innocent, 삼중당, 1968.
Pearl Buck, *Letters From Peking*, 범문사, 1966.
Nathaniel Hawthorne, *The Scarlet Letter*, 신아사, 1983.
Mark Twain, *Adventures of Huckleberry Finn*, 탐구당, 1984.
George Orwell, *Nineteen Eighty - Four*, 탐구당, 1984.

그러나 사랑은 남는 것

1판 1쇄 발행 2004년 6월 30일
1판 9쇄 발행 2018년 7월 15일

지은이 장왕록
엮은이 장영희
펴낸이 김성구

펴낸곳 ㈜샘터사
등 록 2001년 10월 15일 제1-2923호
주 소 서울시 종로구 창경궁로35길 26 2층(03076)
전 화 02-763-8965(단행본부) 02-763-8966(마케팅부)
팩 스 02-3672-1873
이메일 book@isamtoh.com
홈페이지 www.isamtoh.com

ⓒ 장왕록·장영희, 2004

이 책은 저작권법에 따라 보호를 받는 저작물이므로 무단 전재와 복제를 금지하며,
이 책 내용의 전부 또는 일부를 이용하려면 반드시 저작권자와 ㈜샘터사의 서면 동의를 받아야 합니다.

ISBN 89-464-1474-X 03810